「売る」文章51の技

~説得力あるキャッチコピーとロングコピーの作り方

有田憲史 著
Kenji Arita

Published by SHOEISHA CO.,LTD.
WWW.SHOEISHA.CO.JP

はじめに

おや、目が合いましたね。これはラッキーです。

この本を手に取ってくれて、ありがとうございます。

そこは本屋さん？　それともすでに買ってくださって、部屋や会社で開いたばかりのところでしょうか？ つまり、今あなたはこの本が読む価値のあるものかどうか見定めようとしているわけですね。では、この先をお読みになって決めてください。見定めるために必要なことをお話しします。

本書は、コピーライティングの技術書です。そして入門書です

コピーのハウツー本というと、キャッチコピー中心のものばかりですが、本書ではボディコピーのような長めのコピーでも書ける技術を紹介しています。だから、どんなコピーでも通用します。

実はキャッチコピーは何とか書けるけれど、長いコピーは書けないという人は多いようです。

せっかく、キャッチコピーで読み手の心をキャッチしたのに、続けて読んだボディコピーや、クリック先のページのコピーに説得力がないために、購入までもっていけないことはよくある話です。魚は網にかかったのに、網が破れていたために逃げてしまった。そんなイメージでしょうか。

書けないのは才能の問題でなく、技術を知らなかっただけ

恥ずかしい話ですが、ボディコピーが下手な、いや書けないコピーライターがけっこういるのは業界内ではよく知られた話です。私は

ボディコピーだけ書いてくれと頼まれたこともあります。

プロも苦労するほど、レベルの高い能力が必要なのか？　そう思いますか？　そんなことはありません。

「文才がないので、コピーがうまく書けないんです」、そう話す人がいますが、それは誤解です。うまく書けない理由の大半は、技術を知らなかったからです。

コピーもスポーツと同じようにある程度までレベルアップできる基本技術があるのです。それを身につければ、恥ずかしくないコピーを書くことができます。

あとは経験を積みながら、基本技術の精度を上げていく。

それがうまくなるための道のりです。家を作るのに屋根からは作りません。

土台から築きます。その土台となるのが基本技術です。

「知っている」と「できる」とでは大違い、使えてこその価値

この本には、コピーを書くのに必要な基本技術がまとめられています。別に目新しいことはありません。大半が昔から受け継がれてきたものばかり。

中には、案外知られていない、プロのコピーライターだって知らない（正確に言うとできていない）こともありますけど。

ただ、目新しくないからといって、軽く見るのは間違いです。

＜知っている＞と＜できる＞とでは大違いです。

誰でも超一流サッカー選手のクリスティアーノ・ロナウドのように高速ドリブルができるという、やさしいマニュアルがあるとします。しかし、ロナウドのようになるには、ノウハウを知っているだけでは無理です。それを実践して練習しなくては身につかない。技術とはそんなものです。使いこなせて初めて価値が出る。

プロでなくても、コピーをうまく書きたいと思っている人なら

どんな人におススメなのでしょうか。自分の役に立つのか気になりますね。特に勧めたいのは、

●コピーライターではないけれど、キャッチコピーからボディコピーまで書かなくてはいけない人。自社の商品のウェブサイトやカタログ、広告のコピーを書く担当者。
●コピーは部下や外注に任せるが、その良し悪しを判断しなければならない立場の人。
コピーが目的にふさわしいものどうか見定めなくてはいけませんが、判断基準を知らないと、自分の好みだけで判断してしまいます（そしてその判断は往々にして間違っていることが多い）。
●かけ出しのコピーライター。もちろん先輩や上司に恵まれれば読む必要はないかもしれません。でも、そうじゃない場合のリスク対策は必要です。

私よりも、優れた才能と実績があるコピーライターが同じ内容を書いてくれれば、本書を上回る本になるでしょう。でも、それがいつ出るのかわかりません。今のところこの本しかないと思いますので、それまではこの本で学んでもらいたい。

10年、20年かけて身につけたノウハウが一度に

まだ、迷いますか？ では続けましょう。ここには51の基本技術があります。価格にすると、平均して1つ30円くらいです（もちろん10円くらいから100円くらいまでレベルはさまざまです）。これらのノウハウは、私が10年、20年かけて叱られながら、恥を

かきながら、自腹を切って得たものばかりです。それを 1500 円ほどで一度に手に入れることができる。けっして悪い条件ではないはずです。かなりお得ではないかと思います。24 年前の（小さなプロダクションにいた）私だったら、ためらわずに買うでしょう。

コピーライターはかつてのように花形カタカナ職業ではありません。この先、どれくらい必要とされるのか見当もつきませんが、人気が再燃することは考えにくい。けれども、コピーライティングのノウハウはこれからも求められます。

学んでおいて損はないどころか、得のほうが期待できます。ボディコピーもきちんと書けないコピーライターより、コピーならどんなものでも書ける素人のほうが頼りになります。

伝わる文章を書けるのは大きなアドバンテージ

今でもあなたのまわりには、コピーどころか、何を言いたいのかさっぱりわからない文章を書く人は多いでしょう。有名企業、大手企業にもごろごろしています。おかげで、仕事に支障を来すなんて日常茶飯事です。困ったものです。それを考えると、言いたいことが伝わる文章が書けるのは、大きなアドバンテージです。ぜひ今のうちに腕を磨いてください。

こうして、あなたと目が合ったのも何かの縁です。何かしら引かれるものを感じたのではないでしょうか。

そのカンを信じましょう。本書は、きっとあなたの期待に応えます。コピーライティングのレベルアップを助けてくれることでしょう。仕事に行き詰まったら解決のヒントになるかもしれない。

何しろこの本は、あなたにコピーを書く力を与えるために生まれてきたのですから。

「売る」文章51の技
CONTENTS

オリエンテーション …… 9

1時間目 「売る」文章の技［準備編］

その1 「売る」文章が書けるかどうかは、書く前に決まる！ …… 14
その2 書くための＜仕入れ＞で商品を知りつくす …… 16
その3 文章を書く前に＜リストアップ＞で商品を知りつくす …… 18
その4 ＜ユーザー視点＞で商品を考えてみる …… 22
その5 商品を知りつくすために＜メリットを引き出す＞ …… 24
その6 メリットと欲望を結びつけよう …… 26
コラム ちょっと休憩　マインドマップ発想でスラスラ書く …… 28

2時間目 「売る」文章の技［プランニング編］

その7 誰に伝えたいのか？ すべての人向けでは伝わらない …… 30
その8 表現は伝えたい相手のことをよく考えて …… 32
その9 訴求ポイントはベストメンバーで臨む …… 34
その10 訴求ポイントの優先順位を考えよう …… 38
その11 いろいろな切り口から見込み客を考えよう …… 40
コラム ちょっと休憩　20世紀最高は、21世紀ではどうだろう？ …… 42

3時間目 「売る」文章の技［ライティング編］

その12 どんなコピーにも共通する「基本構造」があった！ …… 44
その13 必要なのは起承転結ではなく「シナリオ」だった！ …… 48
その14 伝える相手を具体的に思い浮かべてみよう …… 52
その15 「一人二役」で大ざっぱなセンテンスをさくさく書き進めよう …… 54

その⑯ センテンスを整えるには「簡潔さ」が大事 ……58
その⑰ メリハリをつけて説得力のあるコピーにする ……62
その⑱ すべては第一センテンスで決まる ……66
その⑲ センテンスをまとめるふたつのコツ ……70
その⑳ リズムは短く長く、長く短く ……74
その㉑「です・ます」か「である」調か。語尾に変化をつけよう ……76
その㉒「メリット」を強調しないと読み手の心は動かない ……78
その㉓ 表記のルールを確認して無駄な労力を省こう ……82
その㉔ 一晩寝かせてうまさを出す ……84
コラム ちょっと休憩　早く上達したいなら、ネタ帳をつくろう ……86

4 時間目

「売る」文章の技［説得力アップ編］

その㉕ ＜**お悩み解決型**＞シナリオで共感させる ……88
その㉖ ＜**ハッピー先出し型**＞シナリオでワクワクさせる ……92
その㉗ ＜**特徴アピール型**＞シナリオで感心させる ……96
その㉘ ＜**論より証拠型**＞シナリオで信用させる ……98
その㉙ ＜**ハリウッド映画型**＞シナリオで感動させる ……100
その㉚ コピーはシナリオでこんなに変わる ……104
その㉛ 書き出しは不安や不便から始める ……108
その㉜「おススメ」からズバリと始めるアプローチ方法 ……112
その㉝ 流行や事実から始めて説得する ……114
その㉞ 本当に役立つイントロの技術
＜**第三者の評価や売れゆきを示す**＞で始める ……118
その㉟ 本当に役立つイントロの技術
＜**商品開発ストーリー**＞で始める ……118
その㊱ 本当に役立つイントロの技術＜**想像させる**＞で始める ……119
その㊲ 本当に役立つイントロの技術＜**選択ポイントの提案**＞で始める　119
その㊳ 本当に役立つイントロの技術＜**比較**＞で始める ……119
その㊴ 本当に役立つイントロの技術＜**違いを示す**＞で始める ……119
その㊵ 本当に役立つイントロの技術＜**最適な相手を示す**＞で始める ……119
その㊶ 情景が目に浮かぶように書く ……120
その㊷ 感覚に訴える描写でイキイキと表現する ……124
その㊸ くっきり具体的に！ イマジネーションを刺激する ……126
その㊹ 読み手の気持ちを思いやる想像力をもつ ……130
コラム ちょっと休憩　漢字の量と、読みやすさは比例するか？ ……134

5 時間目

「売る」文章の技［編集編］

その45 **キャッチコピーを作るコツ**＜その１＞
ボディコピーを活用する …… 136
その46 **キャッチコピーを作るコツ**＜その２＞
ニーズの状況から考える …… 140
その47 リードコピーのよい使い方とは？ …… 144
その48 コピーを短くまとめる技術 …… 148
その49 コピーをうまく増やす技術 …… 152
その50 読みやすさをアップさせる技術 …… 154
その51 コピーを効果的に伝える技術 …… 156
コラム ちょっと休憩　さて困ったぞ、セオリーが通用しない …… 158

参考・引用文献

『心を動かす「AIDMA（アイドマ）式」文章術』
日本実業出版社
深川 英雄、樋口 明仁　著

『効果的なコピー作法』　誠文堂新光社
西尾忠久　著

『クルマの広告』　KK ロングセラーズ
西尾忠久　著

『みんなに好かれようとして、みんなに嫌われる。勝つ広告のぜんぶ』
宣伝会議　仲畑貴志　著

『「売る」広告』　誠文堂新光社
デビッド・オグルビー　著
松岡茂雄　訳

『ベストセラー小説の書き方』　朝日新聞社
ディーン・R・クーンツ　著　大出　健　訳
『キャラクター小説の作り方』　講談社現代新書
大塚英志　著

『ロング・グッドバイ』　早川書房
レイモンド・チャンドラー　著
村上春樹　訳

『レイモンド・チャンドラー読本』　早川書房

『永遠の 1/2』　集英社文庫ほか
佐藤正午氏の作品

そのほか、多くの広告やカタログのコピーを参考にしました。
学恩に心から感謝いたします。

コピーをうまく使いこなそう！

「見てください！
この本を読んでみて、こんなコピーを書いてみました!」

「例で使ったトースターのコピーを使って考えたんだね」

「広告やカタログ、ネット広告も作りました。どうでしょうか」

「よく勉強したようだね。
ナカナカのもんだ。ひとつずつ見ていこう」

「トースター」のコピー（64ページで解説）

6枚切り食パンがたった45秒で焼けるなんて。ダブルターボヒーターとファンで作られた300℃の熱風が、トースター内に充満するので強力。これまでは260℃が限度でしたが、独自の技術で火力がアップ。高温で一気に焼くため水分を逃がしません。そのため焼きあがりは、外はカリっと、中はふんわり。すぐに支度できるから忙しい朝は大助かり。「パワートースター」なら、ママの仕事はぐんとはかどります。

主婦向け広告のコピー例

忙しい朝の支度、
それなのに
ママの機嫌がよいのはなぜ?
6枚切り食パンが、たった45秒
ボディコピーが入ります。ボディコピーが入ります。
ボディコピーが入ります。ボディコピーが入ります。
ボディコピーが入ります。ボディコピーが入ります。

夫向け広告のコピー例

旦那さま、
実は奥さまを喜ばせる
よい方法があるのですが。
忙しい朝の支度がぐんと楽に。
ボディコピーが入ります。ボディコピーが入ります。
ボディコピーが入ります。ボディコピーが入ります。
ボディコピーが入ります。ボディコピーが入ります。

「一見同じに見えますが、訴求対象が違います」

「だからキャッチコピーと見出しが違う。
コピーが変わるだけで、メッセージも変わるんだね」

「ひとつは主婦へ。もうひとつは旦那さんに間接アプローチ」

「考えたね。将を射とめるにはまず馬から、というわけか」

伝える相手と
表現のヒントは
30ページへ

「商品カタログです。訴求ポイントは3つ。
マジカルナンバー3作戦!」

「心理学を使ったか。人が一度に覚えられるのは7つ。
3つだとさらに覚えやすい。
パッと見たときのわかりやすさが勝負だ」

「情報が多いほどユーザーはどこが特徴なのかわかりませんし……」

「訴求ポイントは際立たせる。
そして総論から各論へピントを絞るように構成する」

訴求ポイントのヒントは34ページへ

商品カタログのコピー例

オモテ表紙

パワートースター
Power toaster
NEW
3大おすすめポイント
●6枚切り食パンがたった45秒で焼ける!
●高温で一気に焼くから外はカリっと中はふんわり!
●300℃の火力、ケーキやパイでも作れる

中面

**300℃の高火力で
短時間に焼き上げるから
外はカリっと中はふんわり。**

リードコピーが入ります。リードコピーが入ります。リードコピーが入ります。リードコピーが入ります。リードコピーが入ります。リードコピーが入ります。

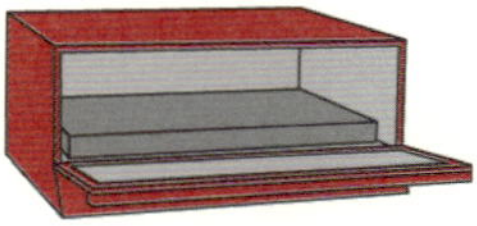

ボディコピーが入ります。ボディコピーが入ります。ボディコピーが入ります。ボディコピーが入ります。ボディコピーが入ります。ボディコピーが入ります。ボディコピーが入ります。ボディコピーが入ります。ボディコピーが入ります。ボディコピーが入ります。ボディコピーが入ります。ボディコピーが入ります。ボディコピーが入ります。

3大おすすめポイント

**1 6枚切り食パン1枚がたった45秒。
すぐ焼けてすぐに食べられる**

ボディコピーが入ります。ボディコピーが入ります。ボディコピーが入ります。ボディコピーが入ります。

**2 高温で一気に焼くから外はカリッと
中はふんわり!**

ボディコピーが入ります。ボディコピーが入ります。ボディコピーが入ります。ボディコピーが入ります。

**3 300℃の火力、タイマーを使えば、
ケーキやピザも作れる**

ボディコピーが入ります。ボディコピーが入ります。ボディコピーが入ります。ボディコピーが入ります。

その他の特徴
最長 40 分のタイマー付/軽量コンパクト/
汚れがすぐ落ちる加工/3 種類のカラーバリエーション

「売り場のPOPです。一瞬でお客さんにわかるようにと思って」

「メリットをしっかり訴求したね。
機能や仕様を説明されてもピンとこないからね」

「自分が得しているイメージをくっきりさせる!」

「'トースター選びは高温がポイント' と
選ぶ理由を提案するキャッチコピーも使えるね」

メリットを
引き出すコツは
24ページへ

店頭POPのコピー例

これなら、忙しい朝の支度も
スピーディに!
ママの仕事も楽になる!
おススメしたい理由
1 高温で一気に焼くから外はカリっと中はふんわり!
2 300℃の火力、タイマーを使えばケーキやパイもピザも作れる!
3 6枚切り食パンがたった45秒。すぐ焼けてすぐに食べられる

「ネットのバナー広告です。
3つそれぞれ表現を変えました」

「ネット広告は
クリック率などの
反応がテストできる」

「それで、3タイプです。
ビジュアルは同じでコピーだけを
変えることもできますね」

「コピーは変えずにビジュアル
だけを変えるという手もある。
トライ&エラーが必要だよ」

バナー広告のコピー例

朝の支度が一気にラクになった!
ママは大喜び、
魔法のトースター新発売!
ただ今プレゼント
キャンペーン中
くわしい情報はこちら

いろいろな
キャッチコピーの
作り方は
136ページへ

「検索連動型広告（リスティング広告）と、
クリック先のウェブサイトのイメージです」

「検索ワードをもとにいろんなパターンを用意しないとね」

「クリック率を比べて、ヒットする表現を調べてみます」

「クリック先のページ内容もコピーとマッチさせないと」

「ネット広告とクリック先のページって、
ダイレクトメールの封筒と中身の関係にも似ていますね」

「いいことに気づいたね。
基本を知っておくと応用ができるというわけだ」

編集のコツは
156ページへ

リスティング広告のコピー例

**6枚切り食パン
1枚がたった45秒**
高火力で一気に焼きあげるトースター。外はカリッ、中はふんわり!
www.Shoeisha.co.jp

**美味しいトーストが
たった45秒**
外はカリッと中はふんわり仕上げ。高火力で一気に焼くトースター
www.Shoeisha.co.jp

**便利!
ピザもパイも焼ける**
6枚切り食パンはたった45秒！野菜も美味しく焼けるトースター
www.Shoeisha.co.jp

**最新!
高火力トースター**
6枚切り食パンはたった45秒！ピザもパイもおいしく焼ける！
www.Shoeisha.co.jp

→

NEW
朝の支度もラクラク!
パワートースター
300℃の高火力で短時間に焼き上げるから外はカリっと中はふんわり。
ボディコピーが入ります。ボディコピーが入ります。ボディコピーが入ります。
ボディコピーが入ります。ボディコピーが入ります。ボディコピーが入ります。
ボディコピーが入ります。ボディコピーが入ります。ボディコピーが入ります。
ボディコピーが入ります。ボディコピーが入ります。ボディコピーが入ります。
ボディコピーが入ります。ボディコピーが入ります。ボディコピーが入ります。
ココがポイント
6枚切り食パン1枚がたった45秒。すぐ焼けてすぐに食べられる
ボディコピーが入ります。ボディコピーが入ります。
ボディコピーが入ります。ボディコピーが入ります。
ボディコピーが入ります。ボディコピーが入ります。
ボディコピーが入ります。ボディコピーが入ります。
高温で一気に焼くから外はカリッと中はふんわり!
ボディコピーが入ります。ボディコピーが入ります。
ボディコピーが入ります。ボディコピーが入ります。
ボディコピーが入ります。ボディコピーが入ります。
ボディコピーが入ります。ボディコピーが入ります。
300℃の火力、タイマーを使えばケーキやピザも作れる
ダブルターボヒーターとファンで作られた300℃の熱風が、トースター内に充満するので強力。これまでは260℃が限度でしたが、独自の技術で火力がアップ。高温で一気に焼くため

「ところで、私たちはなぜシェフのコスプレをしているのですか?」

「知らん。著者と編集者の気まぐれだろう。いい加減な連中だ、まったく!」

売る！文章の技

準備編

1 時間目

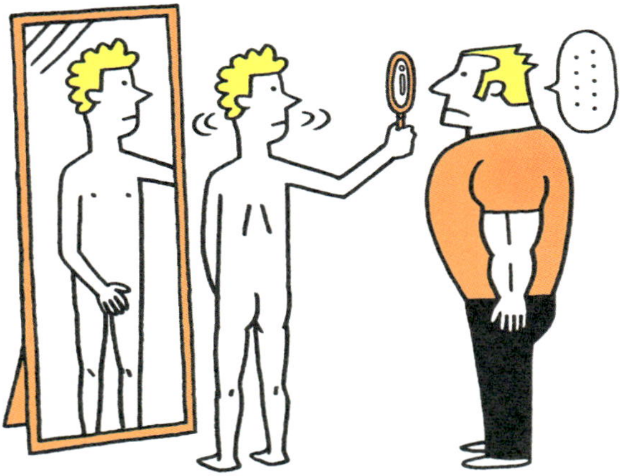

自分を知り、相手を知らなければ勝利はない。

サッカー監督　**ジョゼ・モウリーニョ**

対戦相手を入念に研究した戦術と采配で、
憎らしいほどの勝利を見せる‘Special One’、名将にして希代の戦術家。
兵書の古典『孫子』でも「彼を知り己を知れば、百戦危からず」とあります。
自分（商品）と相手（ユーザー）を知りつくすことはコピーにも必要です。

売る! 文章の技

準備編

その01

「売る」文章が書けるどうかは、書く前に決まる!

「コピーって、言葉や文章の表現がすべてですよね!」

「それだと<仏作って魂入れず>、見た目だけ。もっと大事なものがある」

「仏さまに、うまく書けますようにとお願いするとか?」

「お願いは、仏さまでも神さまでもいいの。ヒントは料理」

文章も腕前だけではうまく作れない?

「材料七分　腕三分」

料理を上手に作るコツとしてよく使われる言葉です。いい材料こそが命。おいしい料理になるかどうかは、料理人の腕ではなく、いかにいい食材を揃えるか、しっかり仕込みをするかにかかってくると言います。

実は「材料七分　腕三分」は、文章作りにも当てはまります。下調べ、執筆、推敲という文章を作るプロセスの中で、一番重要なのは下調べなどの準備といってもいいでしょう。「材料七分」というくらい、きちんと準備をしてこそ、心動かす文章は生まれてくるのです。

当然、説得力が求められる、広告やカタログなど宣伝・販促ツールのコピーの文章も同じ。どんなに文章が上手な人でも準備をおろそかにすれば、説得力についてはほとんど期待できないでしょう。

まるで商品の専門家のように知りつくす

おいしい料理と同じで、効果的なコピーもまずはしっかり準備をすることから。

これがコピーライティングのファーストステップです。では、具体的にはどのような準備が必要なのでしょうか。

簡単に言うと、まるで商品の専門家のように知りつくすこと。そのためには商品の価値を十分に伝えられるだけの知識を仕入れることです。

そこで、商品の特徴を調べる、優れている点を見つける、商品がどんな問題を解決するのかを考えるといったリサーチと分析が、必要になってくるわけです。

そう考えると、あなたの書くコピーが読み手を説得できるかどうか、商品を手に入れたくなるかどうか、その運命はほぼ書く前に決まると言っていいでしょう。

PLUS ONE

料理と文章に共通するもの

著名な言語学者、評論家の外山滋比古さんも文章作法を料理にたとえています。「文章は料理のようにおいしく」と。いくら栄養（内容）があっても、おいしくない（下手な文章）と食べて（読んで）くれない。おいしく作るには、やはり相手への思いやりが必要ですね。

おさらい!

- **コピーが機能するかどうかは、書く前に決まる**
- **説得力のあるコピーを書くには、準備に手間をかけることが必要**
- **専門家のように商品を知りつくすこと**

売る! 文章の技

準備編

その02

書くための<仕入れ>で商品を知りつくす

「私の師匠は、コピーは足で書けといったものだ」

「含蓄がありそう。どんな意味でしょう？　本当に足で書いたりして……」

「あるいは、コピーは耳で書くといってもいい」

「足、耳……あの一、お腹では書けますか?」

新人さんは注意!　ポエムになっていない?

ボキャブラリーは豊富、話し方は流ちょう。でも、何を話したいのかさっぱりわからない。そんな話し方をする人がいます。たぶん、伝えることが整理されていない、そもそも伝える内容が決まっていないからでしょう。

コピーも同じです。メッセージあってこその表現。いくら表現力が高くても、伝える内容がハッキリしていない、あるいは間違っていると役立たずのコピーになります。

そんなことはわかっていると思うでしょう。でも、文章に自信がある人に限って、表現に頼ろうとします。とりわけ新人のコピーライターはやりがち。

自信満々のコピーをクライアントや上司に見せると、こんな風に皮肉られるのがオチです。

「ほう、おもしろいポエムだ。ところでコピーはまだかね？」（ああ、まるで駆け出し時代の私じゃないか！）

自分の目と耳で確かめるのが基本

伝えたいことを決める。そのためには商品知識を仕入れる。そこから準備を始めます。

コピーは足で書け。これは私の師匠の言葉です。コピーライターになって間もないころに言われました。何かおもしろければいい……、コピーや広告についてそんな薄っぺらな認識しか持っていなかった私は新鮮に感じたものです。

足で書けとはどういうことでしょうか。これは自分の目で、耳でよく商品を調べろということ。「足で」には、わざわざ足を運んで調べる、つまり労力をかけてよく調べるという意味が込められています。

まずは自分で商品を使ってみる。商品を企画した人、開発した人、製造した人、販売する人など関係者に話を聞く。基本的なことですがぜひ行ってください。使うことが難しい商品の場合は、使ったことのある人に使用感などを聞いてネタを仕入れましょう。

おさらい!

- **自ら商品を使って、使い心地や機能を体験すること**
- **企画、開発、販売など商品に関わった人から情報を収集すること**

売る！文章の技

準備編

その03

文章を書く前に＜リストアップ＞で商品を知りつくす

「商品を知るうえでポイントとなるのは何だと思う？」

「専門家のようになる……ということは、商品のファンになること？」

「それも正しい。知りたいことを知るためには何が必要だろう？」

「好奇心？　探究心？　あきらめません、知るまではという執念？」

特徴をリストアップしてみよう

正しい答えを得るためには、正しい質問をせよと言います。これを知ったときは、ひとつの真理を得たと思ったものです。

質問によって答えは変わる。つまり、正しくない質問をすれば、正しくない答えが出てくることになり、知りたいことを知ることができない。

そう考えると、商品の魅力を伝えるには、商品の特徴に潜む価値を見つけなくてはいけない。そのためにはあらゆる特徴を知ることが必要です。

商品知識をどのように仕入れるかはすでに書いた通り。次はどのように知るか。つまり、何を聞くかです。

商品を知りつくすために最初にすべきこと、それは商品の特徴のリストアップ。特徴を引っ張り出すには、どのような点に着目すればいいのか。例を挙げましたので、ヒアリングや商品チェックの参考にしてください。

リストアップのための質問例

1. その機能はどのような働きをするか（またはそのサービスはどのような内容か）
2. その働きはどのようなメカニズム（システム）か
3. そのメカニズム（あるいはシステム）は従来のものの改良型か、まったく新しいものか
4. 大きさや重さなどサイズの特徴と理由
5. デザイン、カラーの特徴と理由
6. 使われている原料（あるいは素材）と特徴
7. その原料（あるいは素材）を使った理由
8. 原料にはどのような成分がどのくらい含まれているか
9. どこでどのように製造（あるいは生産）されているか
10. どのような品質管理がされているか
11. 市場に出す前にどのような試験をしているか
12. 味、香り、聴覚、触覚の特徴は
13. 価格は競合商品と比べて高いか安いか、手ごろか
14. 商品の新しい使い方は
15. 商品（またはブランド）の歴史
16. 商品の開発や改良のきっかけ（エピソードなど）
17. アフターサービス、品質保証のサポートはどうか
18. 支払方法
19. オプション（有料・無料）があるか
20. 申し込むとどのような特典があるか
21. 上記の特徴で独自のものは何か

書き出すと理解しやすく忘れにくい

リストアップを行うときは、右図のようにノートに書き出すこと。パソコンで表を作って入力してもかまいません。関係者から聞いた話のメモ、音声、写真、あるいは商品企画書など資料から抜粋した断片的な情報を、質問ごとに整理していくというわけです。

書き出すと頭の中が整理されますし、復習することになり忘れにくくなります。メモや資料をぼんやり眺めても、そのときはわかった気になるだけで案外と頭に入っていないもの。そしてすぐ忘れます。

心理学者エビングハウスが導いた忘却曲線によると、20分後には半分近く、1時間後には半分以上も忘れるそうです（私もよく数分前のことさえ忘れます。あれ、何を取りに冷蔵庫に？ とか）。

少し面倒ですが、書き出したほうが後で楽になります。付せんを貼りつけたり、蛍光ペンでマーキングしたりしてもいいのですが、資料がたくさんある場合や特徴の数が多いと、探し出すのがけっこう面倒です（付せんは、いつの間にかはがれていることがよくある！）。

わかりやすい表現に置き換える

リストアップにもポイントがあります。機能の名称や内容、数値だけではなく、**特徴になりえる理由や、どのような点で優れているのかといった情報を、わかりやすい表現に置き換えると便利。**表現を考えるときのヒントになります。

これは質問の仕方にコツがあります。たとえばサイズがセンチやメートルといった数値での情報だけの場合、「その大きさは、たとえるとどれくらい？」という視点で考えたり尋ねると「文庫本1冊くらい」などとわかりやすいたとえで答えを得ることができます。

数値で言われてもなかなかピンとくるものではありません。でも、文庫本1冊くらいの大きさであればイメージしやすいはず。

Better
「16センチ×11センチだからコンパクト」

Best
「文庫本 1冊分だからコンパクト」

こう表すほうがわかりやすく、コンパクトという特徴がくっきりと、しかもすみやかに伝わるでしょう？

特徴リストの内容記入例

特徴		ポイント
手ブレ自動補正機能	→	撮影時に手ブレを自動補正する。カメラの揺れに合わせて、レンズが動いて調整する
16センチ×11センチの大きさ	→	文庫本サイズ、手のひらサイズ
スイッチが大きい、機能ごとに色が違う	→	わかりやすさを考えて採用した（ユニバーサルデザイン）
原料は国産の○○を使用	→	契約農家より仕入、わずかな量しか採れない。安心である
新しい楽しみ方も可能	→	焼酎で割るとカクテルになる

おさらい!

- **正しい答えを得るには、正しい質問をする**
- **特徴はノートなどに書き出すと頭の中が整理される**
- **特徴やその働きは、イメージしやすい表現に置き換える**

売る! 文章の技
準備編
その04

＜ユーザー視点＞で商品を考えてみる

「男と女の間には、深くて暗い河がある……そんな歌があったなぁ」

「人生の酸いも甘いも噛み分けた言葉ですね。文章と何の関係が?」

「立場の違いから生まれるギャップ。コミュニケーションの問題だよ」

「どうしたら、その深い河を渡ることができるのでしょうか」

自画自賛という落とし穴に注意

盲点というと大げさですが、**商品を知るプロセスで忘れがちなことがあります。それは商品を使う人の視点です。**売り手が自画自賛するのは仕方がありません。自社ブランドだから、自分が開発したから愛着があり、ついひいき目で見てしまうからです。

そのため、特徴について尋ねると「ここがスゴイ」「この機能はウチだけ」などありったけの自慢をします。また、商品の企画書やカタログでも同じような調子で特徴が書かれていることも少なくありません。

もちろん、自慢の特徴が優れていることは間違いないでしょう。しかし、商品を使う立場から見たとき、売り手の視点と同じような受け止め方をするかというと、必ずしもそうではない。**売り手とユーザーの間には、常にギャップがあることを意識したいものです。**

ユーザー視点で考える。説得力のあるコピーには欠かせないポイントです。

ユーザーだからこそ気づく特徴もある

売り手が伝えたいことと、ユーザーが言ってほしいこと、知りたいことは必ずしもイコールの関係ではありません。たとえば、**売り手が一番アピールしたいと思っている機能が、ユーザーにとって一番魅力があるとは限らない**ということ。

私がコンピュータソフトのカタログを担当したときのことです。実際に商品を使ってみたところ、画面のデザインがとてもわかりやすい。事前にもらった商品説明書では小さな扱いでしたが。

その感想をお客さんに伝えると「初心者からすると便利なんですね」と言われました。最終的に、その特徴はカタログで大きな訴求ポイントとして扱うことになりました。

このケース、初心者ユーザーの視点だから見つけられたわけです。人もそうでしょう？　自分の隠れた良さは、自分では気づかないもの。たいていの場合、他人が見つけてくれることのほうが多い、それと同じです（あ、悪いところもね）。

おさらい!

- **商品は売り手の視点とユーザー視点で見ること**
- **売り手の視点とユーザー視点は必ずしも同じではない**
- **ユーザー視点だから見つけられる特徴もある**

売る！文章の技
準備編
その05

商品を知りつくすために＜メリットを引き出す＞

「ドリル売り場にお客さんがいる。何か探している。君が店員ならどうする？」

「簡単ですよ。どんなドリルをお探しでしょうかと声をかけます」

「普通はそうするよね。でも、デキル店員は違うことをたずねる」

「今日は天気いいですねーとあいさつから入って仲良くなるとか？」

欲しいのは商品ではない

お客さんが欲しいのは、ドリルでなく穴である。正しいニーズを知るためのポイントとして、よく引用される言葉です。お客さんが本当に解決したいのは穴を開けること。ドリルでなくても穴をあける方法があれば、他の道具でもいいわけです。

デキル店員なら、きっと「どこに、どんな穴を開けたいのですか？」と聞くでしょう。**私たちが何かを必要とするとき、モノやコトそれ自体ではなく、それによってもたらされる結果が欲しい**のです。つまり、**商品を使うことで手に入るメリット、もしくはベネフィットです。**

あなたが商品を買うのは、＜困った＞を解決してくれそう、楽しくなるかも、もっと快適になるから……といった欲望をみたしたいから。そう考えると、**商品を知りつくすには、特徴だけではなく、どんな欲望をみたすかを知る必要がありますよね？**

この機能を使うとどんないいことが?

これからあなたがすべきことは、**リストアップした特徴からメリットを引き出す**こと。機能や働き、サイズ……といった特徴のひとつひとつが、ユーザーにどのようなメリットをもたらすか考え、書き込んでいきましょう。

21 ページの特徴リストの例を使って見てみましょう。参考にしてください。

特徴がもたらすメリットの例

機能と働き	
特徴	手ブレ自動補正機能 働き: 撮影時に手ブレを自動補正する カメラの揺れにあわせて、レンズが動いて調整する
メリット	室内や夜など暗い環境の撮影もキレイに撮れる

デザイン	
スイッチの特徴	ボタンが大きい、機能ごとに色が違う、わかりやすさを考えて採用した
メリット	スイッチの押し間違いが防げる、メカが苦手な人や高齢者は便利で使いやすい

サイズ	
大きさの特徴	16 センチ×11 センチ　文庫本サイズ
メリット	バッグやポケットに入る、持ち運びがかんたん、外でも使える

新しい使い方	
特徴	少量の焼酎で割るとカクテルができる
メリット	フルーティでさわやかな味わいになるので飲みやすい、焼酎の香りが苦手な人も飲める、チョコレートと合う

メリットを引き出すには、自分で考えることも大切ですが、ヒアリングのときに「この機能を使うとどんないいことがあるか」といったメリットを意識した質問をしておくと便利です。

おさらい!

- **欲しいのは商品そのものでなく商品のメリット**
- **商品を使うとどんな問題が解決されるか、どんな快適さや楽しいことがあるかを考える**

売る! 文章の技
準備編
その06

メリットと欲望を結びつけよう

「商品のメリットまで出しました。これで大丈夫ですよね」
「そのまま出してもいいけれど、長いコピーは困るだろう」
「ずらずらとメリットを並べてもダメということでしょうか」
「読み手のすべてが好意的に読んでくれるわけじゃないよ」

売る力のあるコピーに何が必要か

わずか20字であっても、あるいは2,000字もの文章であっても、売る力のあるコピーに必ずあるものは？

メリットが書かれている？　もちろんそれは基本。でも、読み手に「今すぐ欲しい」「何だか欲しくなってきた」と思わせるには、メリットを最大限にアピールしなくてはいけません。

文章力や表現力？　その通りです。しかし、具体的にどのような文章力でしょうか。それは、**メリットと読み手の「あるといいかも！」(ニーズ) や「これは欲しい！」(ウォンツ) を起こさせるアイデアや表現**です。

説得力のあるコピーは、メリットと欲望が結びついています。それもうまく巧みに。何せ、読み手はあなたが思うほど辛抱強くもないし、好意的でもありません。それゆえ、これは私に必要な情報だ！ と思ってもらう必要があります。

軸となる考え方から発想していく

メリットと欲望を結びつけるために、コピーではさまざまな表現やアプローチ方法が使われます。ライティングや表現の具体的なヒントについては、3時間目（43ページ）以降で述べますが、それらはすべて軸となる考え方から生まれます。どのように考えるのか「手ブレ自動補正機能」を例に見てみましょう。

- **特徴（機能など）は、ユーザーのどんな問題を解決するのか？**
  → 手ブレ撮影を防止する
- **特徴（機能など）はユーザーをどうより快適（より楽しく、より便利）にするのか？**
  → 夜など暗い環境でもきれいに撮影できる
- **特徴（機能など）によって、どんな素晴らしい体験や毎日が実現するか？**
  → 写真撮影が楽しくなる、写真を趣味にできる

このような問いかけから、特徴や機能がもたらす問題解決、快適体験を見つけます。これらがメリットです。欲望と結びつけるにはメリットを強調して示すか、あるいは特徴や機能がないことで被る問題や不快な状況（商品を手に入れないデメリット）を強調して示し、ニーズやウォンツを高めます。表現のアイデアを生む大切なプロセスです。忘れないように。

おさらい！

●商品のメリットをいかに読み手の欲望と結びつけるかがカギ
●商品を手に入れると体験や日常がどう変わるかを想像する

ちょっと休憩!

マインドマップ発想でスラスラ書く

マインドマップというアイデア発想法がある。幹と枝から成るツリー状の図解を作りながら発想したり、頭の中を整理していく方法だ。

テーマから幹へ、幹から枝へと言葉を連想しながら書き込むから、ゲームのように楽しくできる。また、図にするので、ひと目で思考のプロセスがわかる。他の人に考えを伝えるときには便利だ。文章作りにも使えそうだ。

マインドマップに比べると、いい加減だったが、私も昔から同じような方法でアイデア出しをやっていた。特に多かったのが商品のネーミングや企業スローガンを考えるときだ。取材などを通して得た情報から、メインのキーワードをいくつか出す。そして、そこから連想するキーワードをひねり出すのである。

＜健康＞がメインキーワードなら、＜元気＞＜イキイキ＞＜笑顔＞などとサブキーワードを思いつくまま書き込んでいく。さらに＜元気＞から枝分かれするように＜ジョギング＞＜若い＞＜オレンジ色＞などの言葉を考えて、ツリー状の図に仕上げる。

ある程度、言葉が出つくしたと思ったら図を眺めて、言葉を取り出して文章にしたり、組み合わせて造語を作ったりする。

コピーを考えるときは、＜連想ツリー図＞は使わないが、言葉や断片的なフレーズを思いつくまま書き出すことはある。そこから必要な言葉のピースを集めて、センテンスを作るほうがうまくいく場合も多い。

とりあえず頭の中にある言葉を全部出すわけだ。引き出しの整頓みたいなイメージだ。モヤモヤが解消されるから、コピーが書きやすくなる。困ったら試してみては。

2時間目

私は自分の目の前にいる子どもたちに向かって映画を作ります。

映画監督　**宮崎駿**

日本外国特派員協会での会見より。伝える相手によって、
話のテーマも内容も語り口も変わります。誰に語りたいのか
ハッキリと定まっていると、伝えたいことが具体的にイメージできます。
ふさわしい表現を使うことになるので、話がイキイキとしてきます。

売る！文章の技

プランニング編

その07

誰に伝えたいのか？すべての人向けでは伝わらない

「コピーは基本的に無視される。例外もあるけどね」

「商品やブランドのファンは読みますよ、あとはヒマな人？」

「無視しないのは広告主、ライバル、広告会社の担当、コピーライター」

「あははっ。それってブラックジョークですよね？」

興味があるのは「自分ごと」だけ

あなたの書くコピーが、商品カタログであれ、検索連動型広告であれ、ウェブサイトの商品紹介であれ、**ユーザーのことを想像しないで書いたコピーは、高い確率で無視されます。**

広告でも販促の表現でも、ターゲットを絞り込んで考えろとよく言われます。なぜかというと、読み手に「この情報は私のためのものだ」と思ってもらわなくてはいけないからです。人は誰しも他人ごとにあまり興味を持ちません。このコピーには、私に関係することが書かれていないと思ったら読みません。

人が興味を持つのは「自分ごと」。自身の問題解決や快適アップにつながる情報だからこそ、読んでくれるわけです。あなたが商品のことを伝えたい人は誰か？　それを決めなくてはいけません。ラブレターを書くときと同じ。大好きなあの人のことを思い浮かべないとうまく書けませんよね。

すべての人向けは、すべて無視される

誰に伝えるかを決める。ダイレクトメールやセールスレターなど直接届くメディアならわかります。しかし、テレビや新聞、チラシやパンフレットなど不特定多数が見たり読んだりするメディアでも同じ？　そんな疑問があるでしょう。

でも、答えは同じです。伝える内容や商品によっては例外もありますが、**マスメディアでも誰に向けるかひとつに絞るべきです。**マスメディアだから、不特定多数の全員が見てくれるというのは誤解です。不特定多数ならば、見込み客となるターゲット層も多くいるだろうと想定しているにすぎません。どうせ釣り糸をたらすなら、魚が多くいそうな場所のほうが期待できるという程度の話です。

不特定多数だから、すべての人に向けたコピーにしようとすれば、すべての人に「これは他人ごと」だと無視されると思ったほうがいいでしょう。

おさらい！

- **コピーは「自分ごと」でないと読まれない（他人ごとは無視される）**
- **不特定多数向けのメディアでも伝える相手はひとつに絞る**

売る!文章の技
プランニング編
その08

表現は伝えたい相手のことをよく考えて

「この間、知り合いから'もうすぐローンチします'と言われたけれど」
「ローンチ?　分割支払いでランチ?　それとも食べられるもの?」
「私もわからなかった。立ち上げるとか開始する、という意味らしい」
「業界用語ですね。始まります、スタートしますと言えばいいものを。ややこしい!」

A4 サイズか、週刊誌くらいか

「大工と話すときは、大工の言葉で話せ」と言った、古代ギリシアの哲学者ソクラテス。世界史の教科書でおなじみです。

この言葉の意味をコピーにあてはめて考えると、**伝える相手が知らない言葉を使うな、わかりやすい言葉に置き換えろ**ということでしょうか。

コピーに、略語や業界特有の専門用語、ビジネス用語、流行語を使うこともあるでしょう。しかし、**かんたんな表現でも、立場や環境が違うとわからない**もの。たとえば、高齢で専業主婦である私の母に「大きさはA4サイズ」と言ってもピンとこないはず。でも、「お父さんが読んでいる週刊誌くらい」と言えばわかるでしょう。

ソクラテスについても、「古代ギリシアの哲学者」「世界史〜」と説明したのは、ソクラテスを知らない人がいるかもしれないと思ったからです。**コピーを書くときは、自分は知っている、わかっているが、相手はどうだろう?　と考えたい**ものです。

意外に盲点となるポイント

コピー以外、たとえば商品を説明する写真といったビジュアル要素でも同じことが言えます。小さな子どものいるお母さん向けに作られた、デジタルカメラのカタログを見ると、サンプル写真には、運動会や七五三のシーンなど子どものイベントが使われています。

もちろん、機能を紹介するコピーでも「かけっこしている姿でもきれいに撮れる」などとユーザーであるお母さんがイメージしやすいよう表現しています。

これなら、きっと「**この情報は自分ごとである、しかもうれしくなる情報だ**」と思ってくれるでしょう。こんな楽しみ方ができるなら欲しいと思うかもしれません。

誰に伝えるかを決めたら、コピーなど伝え方も相手に合った表現を心がける。意外と見落しがちです。コピーを書く前、書いた後にしっかりチェックしましょう。

PLUS ONE

ほら、ドラッカーだって

経営者に大人気の社会学者ドラッカーもソクラテス同様に「受け手が期待しているものを知ることなく、コミュニケーションを行うことはできない」と著書『マネジメント』で述べています。相手無視のオレ様コピーではダメなんです。

おさらい!

●伝える相手が知らない、わからない言葉は使わない
●流行語、業界用語、略語、ビジネス用語などは注意

売る! 文章の技

プランニング編

その09

訴求ポイントはベストメンバーで臨む。

「アピールしたいことがたくさんあるなら、全部伝えたいよね?」

「もちろんですよ。すべて言わないともったいないですし」

「広告主も同じことを言う。高い掲載料なので、なるべく多く載せたいって」

「訴求ポイントの掲載単価が下がるから、おトクと思っている?」

訴求ポイントのベスト3を決める

＜誰＞に伝えるかが決まったら、＜何＞を伝える、つまり訴求ポイントを決めます。まずは、商品の特徴（およびメリット）に優先順位をつけることから。

優先順位は商品を伝える上で、もっとも自慢できるポイントから決めます。他にない優れた特徴、新しい特徴、機能向上（改良）した特徴（バージョンアップ）、機能がライバル商品より優れている特徴、価格が安い、限定品……といったその商品の「ここがスゴイ！」順に並べます。

なるべく多く伝えたいですよね？　しかし、**訴求ポイントとして使うのは、上位ひとつかふたつ。メディアによっては上位3つほど。ベスト3です。**訴求ポイントが10個でも、30個あったとしても同じです。伝える相手や競争相手の状況によって、順位の入れ替えはありますが、伝えるポイントは3つ程度が理想です。

受け手はわずか数秒で判断する

なぜ、訴求ポイントは少ないほうがよいのか。その理由は、基本的に広告やチラシなど宣伝や販促情報は無視されるからです。

せっかく気分よくドラマを見たり、記事を読んだりしているのに、突然視界に「買って！」というメッセージが断りもなしに現れる。邪魔で迷惑なだけ。だから無視するわけです。

ただし、始めから無視するわけではありません。接触した瞬間、ほんのわずかの時間で自分に必要かどうかチェックします。必要でないと判断したら、無視します。それ以上は見ても読んでもくれません。

たった数秒で相手の関心を引かないといけない。アレもコレも言う余裕がない。そう考えると、ひとつかふたつが限度です。

参考までに言いますと、「マジカルナンバー７」という心理学用語があります。これは人が瞬時に記憶できる数（あるいは桁数）を言い表したものです。人によって記憶力に違いはありますが、短期記憶ではおおむね７つくらいという話です。けれども、広告のようにいきなり現れるが、無視されるものはもっと少ないほうがいい。訴求力を考えれば広告のマジカルナンバーは最大でも３が適当でしょう。

250 字あっても、ポイントはひとつかふたつ

ポイントは絞り込む。これは基本的にスペースに制限がないウェブサイトでも同じです。検索連動型広告のコピー、バナー広告は文字数やスペースの制限がありますが、商品紹介のページや通販サイトの商品紹介ページの場合は制限がありません。

しかし、その場合でも**最初に目にするページがカギ**となります。サッと見て、自分に関係なさそうだと思えば、それ以上は読まないでしょう。それは紙メディアと同じです。やはり、訴求ポイントは

少数精鋭で伝えたい。

通販サイトの商品概要のコピーの文字量を見てみますと、多くて200字～250字くらいです。箇条書きでも３つから４つ、ボディコピーでもひとつかふたつのことしか書けません。

文字量が多ければ、訴求ポイントも多く入れてかまわないというわけではありません。文字量を多くするといっても限度があります。読み手のことを考えれば、長いコピーを読ませるのは、苦痛を強いることであり、貴重な時間を奪うことに他なりません。

訴求ポイントの効果的な伝え方 その1

➡〈ベスト3〉＋その他で伝える！

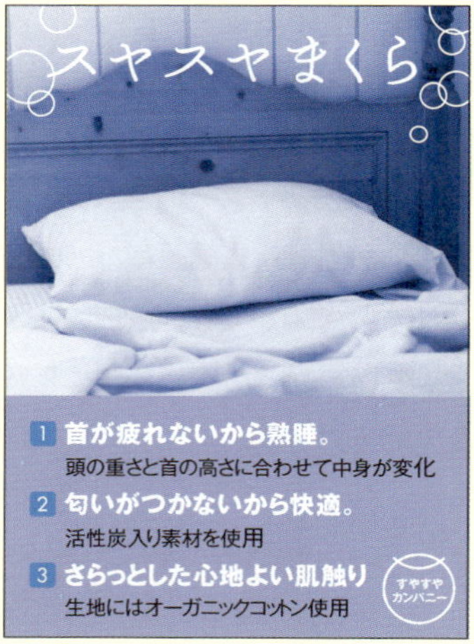

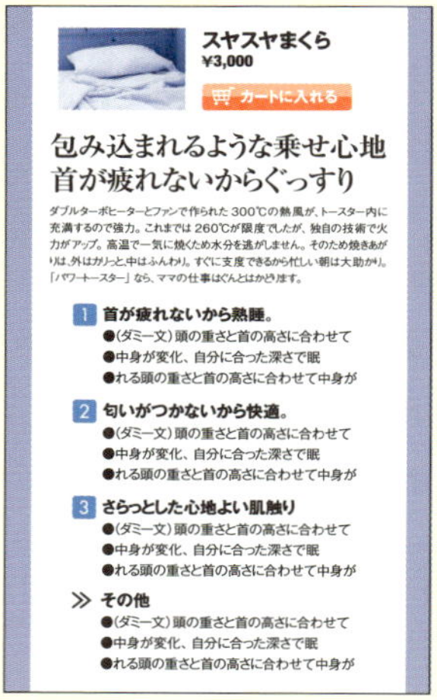

●カタログ・リーフレット
最初に目に触れる表紙に載せる訴求ポイントは、ベスト３までがのぞましい。残りの訴求ポイントは、リーフレットなら裏面、カタログなら、＜その他の特徴＞コーナーで紹介。

●ウェブサイト
最初に読まれるコピー内の、訴求ポイントはひとつに（最大でもふたつ）。訴求ポイントを詳しく紹介する場合は、機能、デザインなどカテゴリー別に別ページを作って紹介する。

訴求ポイントの効果的な伝え方 その2

➡ そのとき一番伝えたいポイントだけを強く訴える!

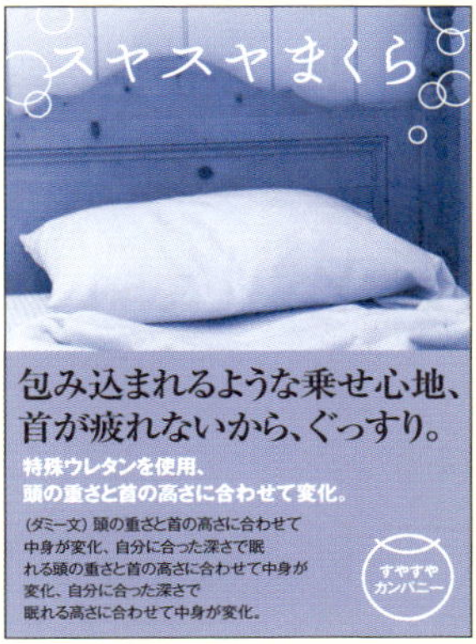

●広告

キャッチコピーからボディコピーまで、一貫して同じ訴求ポイントで語る。違うポイントをあれこれ詰め込まない！

訴求ポイント（機能や働きによるメリット）は、スペースに限らず、ひとつに絞る。

例外として「30%オフ」のように直接販売につながる訴求ポイントは入れてもOK。

●バナー広告

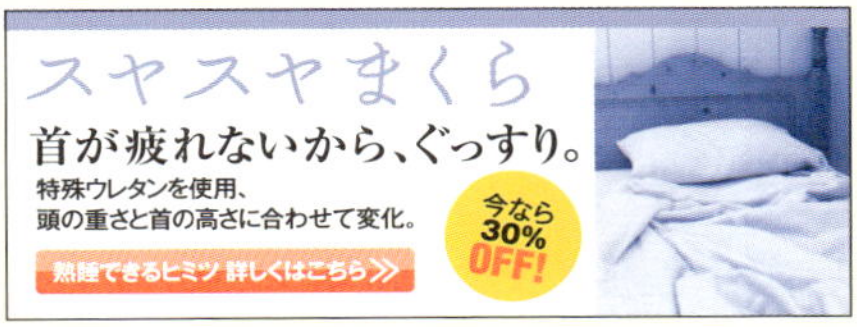

●検索連動型広告

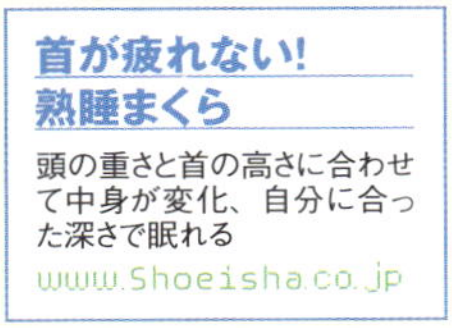

おさらい!

- **商品特徴に優先順位をつけて訴求ポイントを決める**
- **訴求ポイントは、特徴の数に関係なく少数精鋭。ベスト3に絞り込む**
- **コピーの文字量やスペースが多くても、使う訴求ポイントは1〜3つ**

売る！文章の技
プランニング編
その10

訴求ポイントの優先順位を考えよう

「どうだ、世界で一番軽い。持ってごらん、スゴイだろう」
「確かに軽い。でも私のとそう変わらないです。ちょっと軽い程度」
「ここまで軽くするには、相当な技術が必要だよ。それに世界一！」
「興味ないですね。それより、デザインがかわいいのが気になるのですが……」

ユーザー視点で順位を入れ替える

優先順位をつけた訴求ポイントですが、その順位が入れ替わる場合があります。なぜかというと、**伝えたい相手によってメリットの重要性が変わることもある**からです。

思い出してください。**売り手の言いたいことは、ユーザーの知りたいことと必ずしもイコールではない**ことを。

私がOA機器メーカーの広告や販促物のコピーを書いていたときは、売り手とユーザー間の認識の開きによく驚かされました。メーカーは、技術や機能に誇りや自信があるため、独自技術やクラス最軽量といったことを強く訴求したがります。

しかし、それらをユーザーが必要としているかというと、そうでもありません。最小や最速といっても、2位との差はわずか。ユーザーの立場からすると、大きな違いはない。ユーザーを快適にする特徴は他にもあるのにと思ったものです。

仮説を立てて反応を見る

売り手視点の＜世界最小＞でも、PR の場合は関心を持たれるかもしれません。世界 No.1 の事実は、ニュース性が高いからです。しかし、ユーザー視点となると、優先順位は低いかもしれない。そうなると、欲しくなる理由にはなりえない。

若い女性には高機能によるメリットよりも、豊富なカラーバリエーションのほうが購買欲に結びつくこともあるでしょう。高齢者には世界最軽量よりも、わかりやすい操作ボタンのほうが重要かもしれません。

誰に伝えるかが決まっていても、始めは訴求ポイントの優先順位は、仮説を立てて決めるしかありません。その後は、販売データやお客さんの声（選んだ理由など感想や意見）を集めて、訴求ポイントを変えて再度アプローチするのがいいでしょう。

味つけもお客さん好みにするよ
point

おさらい!

- **伝える相手によって、訴求ポイントは変わることがある**
- **優先順位はまず仮説を立て決める。その後で反応を見ながら入れ替える**

売る! 文章の技

プランニング編

その11

いろいろな切り口から見込み客を考えよう

「そういえば、この間キミは私の書いた本をカップめんの……」

「あ、見てしまいましたか！ でも大きさといい、重さといい……」

「ふたの重しにピッタリというわけか」

「先生の本の新しい使い方かも。偉大な発見はこうして生まれるとか」

お年寄りもゲームを楽しむと考える

今のところ、「掃除機を使うとクビレができる！」という話は聞かないので、掃除機のコピーは、やはり吸引力や使い勝手といった掃除機らしい訴求ポイントで語るしかありません。しかし、商品によっては、さまざまな切り口から見ると、それぞれ違ったメリットをもたらすことが見えてきます。

たとえば、ゲーム機。ゲームの好きな人には、ゲーム機としての機能や仕様を伝えるのがいいでしょう。しかし、ゲームに関心のない人は欲しいとは思わない。

でも、脳をきたえるマシンという切り口からの訴求なら、ゲームをしない中高年だって興味を持ちそうです。お年寄りなら、もの忘れを防止するトレーニング機器として訴求するといいかもしれません。

この場合は、ユーザー別の切り口で商品の使い方を見てみたわけですが、他にも考えられるはずです。**先入観や常識にとらわれない切り口が欲しい**ところです。

従来との「違い」を考える

掃除機を無理やり、腰を動かして鍛えるクビレ作りマシンと訴求するのは、まったく説得力がありません。しかし、**切り口次第では新しい商品価値が生まれ、新しい見込み客を作ることが可能です。**

従来とは違う層のユーザーに使ってもらうには？　従来とは違う使い方、たとえば、エコや健康などのブームや時代のニーズにマッチした使い方は？　季節やイベントにマッチさせた使い方は？……と考えると、「自転車はエコな乗り物」や「みかんは冬の風邪予防サプリ」などアイデアが湧いてくるでしょう。

ただし、頭をフル回転させないといけません。プロのコピーライターやデザイナーだってここで苦労します。ひとりで無理なら数人で出し合うのもいいでしょう（だから、すばらしいアイデアがすぐに出てこなくても落ち込む必要はありませんよ）。

おさらい!

- **先入観や常識にとらわれない切り口を考える**
- **従来とは違う使い方を考えると、新しい見込み客が生まれる**

ちょっと休憩!

20世紀最高は、21世紀ではどうだろう?

20 世紀最高の広告キャンペーンと言われている＜VW（フォルクスワーゲン）の広告＞。1959 年から 17 年も続いたシリーズ。手がけたのは‘60 年代、アメリカの広告業界を席巻した広告代理店 DDB。

VW の広告を初めて見たとき、ビジュアルのアイデアに引かれた。VW がひっくり返っている、VW が水に浮いている、VW が片隅に小さくポツリとレイアウトされている……。ポスターとして、部屋に貼りたくなるほどアート。

謎に満ちた写真とシンプルなヘッドライン、だからコピーを読みたくなる。いや、そのときは原文が英語なので、内容まではわからなかったけれど。わかっていれば、コピーの腕はもう少し早く上達していたと思う。

その後、すいぶんたって、コピーや広告、マーケティングの勉強をしているとき、参考にした本や雑誌でよく VW の広告と再会した。先人たちも刺激を受けずにはいられなかった？　そのうちに少しずつだが、コピーの日本語訳も読むことができた。

そして気づいた。これはコピーのいい教科書じゃないかと。はじめはビジュアルばかりに目が行っていたのだが、コピーの内容やシリーズの全貌が見えるようになって、学ぶべきことがわかったのだ。

商品にありとあらゆる方向から光を当て、その良さを浮き彫りにした訴求テーマやアプローチ。それは商品を知りつくすことでしかできない。それに‘たしかにいい車だ’と納得してしまう説得力のあるコピーの流れ。いずれもコピーを書く上で欠かせない。

50 年前？　20 世紀最高でも時代遅れでは？　とんでもない、21 世紀になってもコピーの最良の教科書である。

※ VW の広告シリーズは、ブログ『創造と環境』（http://d.hatena.ne.jp/chuukyuu/）、書籍『クルマの広告』（KK ロングセラーズ）で見ることができます。両方とも西尾忠久さんが手がけておられます。西尾さんは早くから VW をはじめ DDB の仕事を紹介してきた元コピーライター（東京コピーライターズクラブ名誉殿堂入）です。

売る!文章の技

ライティング編

3時間目

言うべきよりよいことを発見したら、それが記憶され、行動を起こさせるように、覚えやすく、芸術的で、説得力のある言い方をしなければならない

広告代理店 DDB 社長　**ウィリアム・バーンバック**

左ページのコラムで紹介した『クルマの広告』より。
バーンバック氏は広告哲学についてふたつのことを挙げました。
もうひとつは「商品について言わなければならない重要なことを発見すること」。どちらも基本中の基本。

売る！文章の技 ライティング編 その12

どんなコピーにも共通する「基本構造」があった！

「いよいよライティングのコツですね、何から始めるのですか？」
「その前に、コピーを書きやすくするコツを話したい」
「じらしますね。でも楽に書けるならぜひ！　なるべくラクしたいです」
「急がば回れだよ。コピーの構造は知っておくといいよ」

ほとんどのコピーは3つのパートで構成されている

コピーを書く上で、基本構造を知っておくと便利です。短いコピーであれ、長いコピーであれ、基本構造はほとんど同じですし、**コピーは構造に沿って書かれている**からです。

基本構造はいくつかのパートによって構成されています。各パートは、コピーの役目を担う柱となるもので、これらがしっかりしていないと、伝わらないコピーになります。コピーを構成するパートは次の３つです。

コピーの基本構造

「メリットを伝える」パート
→商品を手に入れるともたらされる、うれしい体験を伝える

「メリットを実現する働きや機能を説明する」パート
→メリットをもたらす商品の特徴を紹介する

「特徴を証明する」パート
→特徴の品質を証明したり、優秀な点を強調する

基本構造を理解しておくと、コピーを組み立てやすくなるし、各パートを担うセンテンス（ひとつの文章）も書きやすくなります。

構造を意識するだけでライティングがレベルアップ!

コピーを構成する3つのパートは、それぞれ現れる順番や強調される部分は異なります。また、各パートの比重も商品によって変わることはあります。しかし、各パートはひとつの組曲のようにスムーズにつなげられ表現されます。

このコピー特有の基本構造を頭に入れて、広告やカタログを見ると、どのような流れで商品を訴求しているかがわかりますから、ライティングの勉強に役立ちます。

それでは、次のコピー例を読んでどのような構造になっているか考えてみてください。

もう、手ブレでがっかりすることはありません。レンズ内にあるセンサーがカメラの揺れを感知、自動的に手ブレを補正します。この新機能「手ブレ自動補正機構」は当社独自の技術で、他の方式より補正精度が高いのが特徴。手ブレの起きやすい夕暮れや室内でも安心して撮影できます。

よくカタログやウェブサイトなどで見かけるスタイルのコピーで、「手ブレを自動的に補正する」機能を訴求ポイントにして語っています。どのような構造になっているのか、各パート別に見てみましょう。

メリットを伝えること。しかし信ぴょう性が必須

各パートの中で**もっとも大切なのが、「メリットを伝える」**です。**私たちが商品を買うのは、商品そのものではなく、商品を使うことによる問題解決や快適な体験を得るためです。**

コピーにメリットが入っていない、あるいは読んでもイメージできないと「必要だ」「欲しい」という気持ちにはならないものです。

コピー例でいうと「メリットを伝える」パートは、次のセンテンスになります。

> 「メリットを伝える」パート
> **もう、手ブレでがっかりすることはありません。**
> **手ブレの起きやすい夕暮れや室内でも安心して撮影できます。**

「手ブレを防止する」ことによって、ユーザーにもたらされる、手ブレによる撮影ミスの解消（問題の解決）と、夕暮れや室内でも快適に撮影できること（うれしい体験）を伝えています。

次に「メリットを実現する」パートを見てみましょう。つまり機能と働きの説明ですね。手ブレを起こさない機能と、その働きのしくみを紹介しているセンテンスはこれです。

> 「メリットを実現する働きを説明する」パート
> **レンズ内にあるセンサーがカメラの揺れを感知、自動的に手ブレを補正します。**

メリットのみを伝えてもよいのでは？　メカニズムまで言わなくてもわかると思うかもしれませんが、**メリットに信ぴょう性があると説得力も高くなります。**何せ、読み手は心のどこかで「本当に？」と疑っていますから。

品質を語ると説得力も高まる

信ぴょう性が伝わったとしても、その品質はどうか？　ということもユーザーは知りたがるものです。品質の確かさを証明しなくてはいけません。手ブレ防止機能が優れたものなのかどうか？　それは次のセンテンスで伝えます。

「特徴を証明する」パート
この新機能「手ブレ自動補正機構」は当社独自の技術で、他の方式より補正精度が高いのが特徴。

この場合は、機械なので独自性や他との比較について述べていますが、商品や特徴によって、さまざまな内容が考えられます。たとえば、食べ物であれば「国産の原料から～」、信頼性の高いブランドなら「メルセデスならではの～」といった表現です。いずれも機能や働きが優れている、信頼性が高いことを証明する内容です。

参考例ということもあって、各パートが順番に述べられる、わかりやすい構造で紹介しましたが、実際は文字量の制限もありますし、述べられる順序もさまざま。

ただし、基本構造に違いはほとんどありません。コピーを組み立てるときは、まずパートに着眼して考えると、センテンスも書きやすくなります。

おさらい!

- **コピーには特有の基本構造があり、柱となる３つのパートから構成される**
- **もっとも大切なのはメリットを伝えること、さらにその信ぴょう性を証明することも重要**

売る! 文章の技
ライティング編
その13

必要なのは起承転結ではなく「シナリオ」だった!

「文章の構成は、起承転結でと言うけれど……」
「まさに、よい文章を作るための原理ですね」
「実を言うと私は書けないなぁ。それに、コピーにはあまり必要ないよ」
「えー、そんな反感を買うようなことを言って大丈夫?」

説得のシナリオを考える

小説はもちろんのこと、エッセイ、論文、報告書にも流れがあります。始めにAについて語り、次はその具体例を挙げて、次はBについて、最後は……といった話の構成のことです。コピーも例外ではありません。広告やカタログから、セールスレターまで、流れにもとづいて書かれています。

伝えることは決まっているのに、ちっとも筆が進まない(キーボードが叩けない)場合があります。たぶん話をどのように運ぶか決まっていないか、あるいは迷っているからでしょう。

流れのことを、本書ではシナリオと呼びます。**コピーは説得するための手段ですから、書くときは、まず説得のシナリオを考えなくてはいけません。**

ドラマなどのシナリオでは複雑なストーリーにしたり、伏線を張ったりしなくてはいけなくて、考えるのが大変です。でも、幸いなことにコピーのシナリオはシンプルがベストです。

「起承転結」は忘れましょう

京の三条の糸屋の娘　　妹十八姉二十
諸国大名は弓矢で殺す　糸屋の娘は目で殺す

江戸時代後期の儒学者、詩人の頼山陽が、文章の構成を教えるときに使ったという小唄で、「起・承・転・結」の参考例にしていたとのこと（妹が十四で姉が十六、殺すのは弓矢でなく刀、糸屋は大阪本町と諸説はあるようです）。

よく文章の指南書には、構成は「起・承・転・結」でと書かれています。私も中学か高校時代に教わりました。初めて知ったときは、その見事な原理に感動したものです。

しかし、そのうちに気づきました。シンプルな原理ではあるが、実践すると意外に難しいことに。たぶん、これまで「起・承・転・結」を意識して書いたことは、一度もなかったと思います。

「起」で何を言おうか、「転」はどうする、「結・起・承・転」のほうが印象が強くなるらしい……と悩んで、かえって書けないのです。コピーも同じ。実は「起・承・転・結」で考えると難しい。ひとまず忘れてください。きれいさっぱり。

PLUS ONE

起承転結のルーツ

もともと「起承転結」は漢詩のスタイルである「絶句」の構成から生まれました。「絶句」とは四行の詩のこと。各行に「起承転結」それぞれが当てられます。今では小説などの文章から四コマ漫画まで構成の作法として知られています。私は今だに使いこなせません。

基本パターンは多くない

「起・承・転・結」は忘れろと高慢なことを述べました（国語や文法の専門家のみなさま、すみません！）。代わりに必要なのが、説得のシナリオです。

説得のシナリオにはパターンがあります。パターンの数はバリエーションを入れると、たくさんありますが、基本パターンはそう多くはありません。よく使われるパターンを挙げてみます。

説得のシナリオの基本パターン

❶ メリットを言う
↓
❷ メリットを実現する特徴（働きや機能）を説明する
↓
❸ 特徴の品質を証明する
↓
❹ メリットを念押しする

このパターンで作ったのが、基本構造の説明で使ったコピーの参考例です。

> **もう、手ブレでがっかりすることはありません。レンズ内にあるセンサーがカメラの揺れを感知、自動的に手ブレを補正します。この新機能「手ブレ自動補正機構」は当社独自の技術で、他の方式より補正精度が高いのが特徴。手ブレの起きやすい夕暮れや室内でも安心して撮影できます。**

シナリオパターンを覚えたい

シナリオに沿って、センテンスがどのように進んでいるのか見てみましょう。

「もう、手ブレでがっかりすることはありません。」とメリットを言い、「レンズ内にあるセンサーがカメラの揺れを感知、自動的に手ブレを補正します。」とメリットを実現した特徴（働きや機能）を説明します。

さらに、「この新機能『手ブレ自動補正機構』は当社独自の技術で、他の方式より補正精度が高いのが特徴。」と特徴の品質を証明して、最後に「手ブレの起きやすい夕暮れや室内でも安心して撮影できます。」とメリットを強調して締めくくります。

左ページで示した❶〜❹の順に沿って書かれているのがわかりますね。このようにコピーは、始めにシナリオを組み立てて書くことを勧めます。とくに、セールスレターのような長いコピーは、シナリオしだいで説得力も変わります。

基本パターンを知っておくと、商品の特徴や文字数などいろいろな条件や制限があっても応用できるので助かります。覚えたいのは「起・承・転・結」よりも、シナリオパターンです。

おさらい!

- **コピーにも小説や論文同様にシナリオ（構成）が必要**
- **コピーのシナリオは、まず基本パターンを知ることから**
- **「起・承・転・結」よりも、いろいろなシナリオパターンを覚えたい**

売る!文章の技 ライティング編 その14

伝える相手を具体的に思い浮かべてみよう

「誰に向けて書くかが決まっても、スラスラといきません」
「漠然としていると書けないよね。だから、人物像はくっきりさせよう」
「30代女性といっても、31歳と39歳ではニーズは違いますしね」
「そういう違いが、訴求ポイントや表現に影響するのだよ」

プロフィールはなるべくくわしく

コピーは誰に向けて書くかを決めましょうと前章で述べました。そうしないと、訴求ポイントも表現も決まらず、焦点のぼやけた伝わらないコピーになるからです。

けれども、**コピーは手紙と違って、表向きは不特定多数の人に向けた文章です。それなのに読み手には「私に向けたメッセージだ」「私のことだ」と思ってもらわなくてはいけません。**

若い女性に訴求したいのであれば、若い女性を思い浮かべて書く。それには、くわしいプロフィールが必要です。若いといっても年齢は？　未婚、それとも既婚？　専業主婦、それとも仕事をしている？

商品のビギナー、それともヘビーユーザー？……など相手のプロフィールをイメージしていきます。完全でなくてもいいので、できるかぎり特徴をつかんでおきたいものです。販売や顧

客のデータから想定するのもひとつの手です。

あなたが、よほど浮世離れした生活をしていない限り、相手を想像するのは難しくないと思います。たいていは、あなたの周囲にいる人に近いか、近くにはいないけれど、想像しやすいタイプであることが多いはずです。

ありふれた特徴だって大切

伝える相手がどのようなプロフィールであれ、共通していることもあるでしょう。たとえば、こんな部分かもしれません。

その人は、あなたの商品のことはよく知りません。商品を手に入れるとどのような体験ができるのか、問題解決ができるのかハッキリとはわかりません。でも、あなたの商品を含む商品カテゴリーがあることは知っています。

その人には商品の知識はないし、専門的な話は理解できないかもしれない。しかし、わかりやすく伝えれば理解できる常識も判断力もあります。また、あなたの商品を買うだけの収入はあります。

もっと楽しくなりたい、快適になりたいという気持ちも持っています。向上心だってあります。解決したい問題も持っています。忙しい日々を送っていますが、自分の時間はきちんと確保したいと思っています……などありふれたことばかりですが、**プロフィールと重ねると、伝える相手のイメージがハッキリするでしょう。**

おさらい!

- **伝える相手のプロフィールをくっきりさせると、コピーは書きやすい**
- **どのような人でも、共通している部分はあるので参考に**

売る！文章の技
ライティング編
その15

「一人二役」で大ざっぱなセンテンスをさくさく書き進めよう

「書くことは、話すようにうまくいきませんね」
「最初からうまく書こうとするから、進まないのだよ」
「『私は』にするか『私が』にするかで、けっこう悩みますから」
「大ざっぱでいいから、とりあえず書くことが大切だよ」

とりあえずの気分で始める

コピーのシナリオを決めて、伝える相手「仮想読者」も決めました。次のステップは、センテンスを書くことです。センテンスとは、「私はコピーを書く。」といったひとつの文章です。

センテンスは、シナリオに沿って書きます。そうは言っても、始めからスラスラとはいきませんよね。言葉も話すようには出てきません。でも、考えてみれば140字のコピーも10,000字の論文も量こそ違いますが、よく見れば30字前後のセンテンスが連なっているに過ぎません。

さらに、小説やエッセイなど作家性が強く出る文章は別として、**コピーはわかりやすく、簡潔であることが求められます。個性はいらないし、表現の難易度は高くありません。**

始めは文法や決まりごとは気にせず、“とりあえずの気分”で短いセンテンスを書くことを勧めます。まぁ、とりあえずですけど。

対話をシミュレーションする

“とりあえず”のセンテンスは、「一人二役ごっこ」をすると、書きやすくなります。「一人二役ごっこ」とは、コピーを書く人と、コピーを読む人の二役を演じて、センテンスを書くことです。販売員とお客の対話のようなイメージです。

コピーを読むあなたが、商品について質問をします。それに答えるのが、コピーを書くあなたです。前のページで使ったシナリオでやってみましょう。

❶ メリットを言う
↓
❷ メリットを実現する特徴（働きや機能）を説明する
↓
❸ 特徴の品質を証明する
↓
❹ メリットを念押しする

シナリオの４つのパートそれぞれについて問いかけます。たとえば、メリット。シナリオの❶と❹です。訴求ポイントは決まっています。次のような質問が想定できますね。

「私は主婦ですが、それ（訴求ポイント）があると、どんなメリットがあるのですか」「これまで、そういう商品を使ったことがないので、わかりやすく説明してください」

なるべく、根掘り葉掘り質問すること、ビギナーであるとか、主婦であるとか読み手の立場に立った具体的な質問がコツです。

答えをセンテンスで書く

一人二役で対話を行い、質問について答える。その答えを文章にして書くと、センテンスになります。これがコピーを作るパーツとなります。

始めのうちは、センテンスの長さを気にせずに書いてください。書き言葉でなくてもいい。話し言葉でかまいません。たとえば、こんな感じです。

一人二役でセンテンスを作る

質問:「私はビギナーですが、手ブレ防止機能があると、どんなメリットがあるのですか」

答え:「かんたんにブレのないキレイな写真が撮れます。自動なのでシャッターを押すだけ、何もしなくても大丈夫です。お部屋の中を写すときは便利ですよ」

質問:「なぜ、部屋での撮影が便利なのですか?」

答え:「室内とか、夕方とか暗い場所、あと望遠での撮影のとき、光を取り込むために時間がかかって、シャッターを押してもすぐにカシャッと撮影できません。手で持っていると小さなユレでも影響しちゃうんです。だからぶれた写真になるんです。けっこうがっかりしますよ」

例では、会話の口調で書いていますが、「ブレがない」「キレイに撮れる」「部屋など暗い場所は便利」などメモのように断片的に書いてもいいです。

体裁は気にしないで書く

始めは話し言葉でも、断片的な文章でもかまわないと述べたのは、センテンスにするのに時間をかけると、なかなかライティングがはかどらないからです。

文章を書き慣れていない人の場合、センテンスをうまく書こうとすると、何度も書き直したり、表現に悩んだりと時間がかかってしまいがちです。**わずか60字ほどのセンテンスに30分や1時間近くも費やすのはもったいない。**

シナリオで流れを作っているので、何が言いたいのかさっぱりわからないコピーになるリスクは高くありません。安心して書くべし！

この段階では、あなた以外誰の目にも触れないわけですから、恥ずかしい思いをすることもありません。とりあえずこんな感じでいいや！　という気持ちで、さくさく書くことを優先させましょう。大ざっぱなセンテンスでＯＫです。

それよりも、**的確な質問になっているか、相手を納得させる答えになっているかに注意を払ってください。**

おさらい!

- **シナリオに沿ってコピーを読む立場から質問する**
- **答えを文章にするとセンテンスになる**
- **話し言葉など体裁は気にせず、センテンス（断片的でもOK）にすることを優先する**

売る! 文章の技 ライティング編 その16

センテンスを整えるには「簡潔さ」が大事

「ヘミングウェイ、カポーティ、ハメット」
「みんなアメリカの作家ですね。読んだことはないですけど」
「簡潔な文体とリズムが特徴の作家たちなんだ」
「まさか、そんな文章を書けと言うのではないでしょうね」

長くてまどろっこしいのはダメ

センテンスは簡潔に。うまい文章を書くコツのひとつです。ただ、簡潔にと言われても、具体的にどう書けばよいかわからない。そう思う人は多いと思います。

簡潔に書くには、簡潔ではないセンテンスを知るほうがよいかもしれません。次のセンテンスを読んでください。「簡潔ではない」と、「簡潔である」の違いはどこ？

簡潔ではないセンテンス

✕ カメラのレンズ内にはセンサーがあり、それがカメラの揺れを感知することで自動的に手ブレを補正するという優れたメカニズムです。

↓

簡潔なセンテンス

○ レンズ内にあるセンサーがカメラの揺れを感知、自動的に手ブレを補正します。

ふたつを比べると違いがハッキリ。アンダーラインの個所に注目してください。簡潔でないセンテンスは長い。重複している言葉がある。無駄な言葉があるため、まどろっこしい。内容がわかりづらいと思いませんか？

志賀直哉、ヘミングウェイも参考に

無駄な言葉やつなぎが多いと、内容がぼやけるため、理解するのに時間がかかります。読んでいるうちにイライラします。とくにコピーの場合は、読み手は好意的ではありません。ストレスを感じたら読むのを止めます（しかも悪態をついて！）。それゆえに、簡潔に書くことが求められるわけです。

簡潔に書くコツは、できるだけ短くまとめる。「何がどうする」をハッキリさせる。一字一句節約を心がける。センテンスの中で言葉を重複させない。意味がわかるなら「それ」「という」「することで」など無駄な言葉は使わない等々。コツはもっとありますが、これだけ気をつけても、かなり簡潔になります。

新人時代、コピーの師匠に「志賀直哉を読め」と言われました。志賀直哉は『暗夜行路』で知られる、日本を代表する小説家で、簡潔な文体が特徴です。また、『武器よさらば』などで有名なヘミングウェイ、『ティファニーで朝食を』のカポーティも、ムダをそぎ落とした文体が魅力。すぐに役立つわけではありませんが、こうした作家の文章に触れておくのも上達のコツです。

PLUS ONE

ハメット、WHO？

ハメットはハードボイルド小説の始祖といわれる作家。ムダをそぎ落としたキレのある文体が特徴です。それゆえに素っ気ない、潤いを欠くと評されることも。作家デビュー前、宝石店でコピーを書いていたとか。あの簡潔な文体がコピーから誕生したかどうかはわかりませんけど。

「あなたはこうなる」の視点で整理

簡潔どころかセンテンスにもなっていない場合はどうする？ 「センテンスは一人二役で考える」(54ページ)のコピー例で考えましょう。

質問に対する答えをセンテンスにする。センテンスにするのに時間がかかる場合は、断片的なかたちでもよいと述べました。次の文章は、メリットについての答えです。話し言葉で書いたものです。

> かんたんにぶれのないキレイな写真が撮れます。自動なのでシャッターを押すだけ、何もしなくても大丈夫です。お部屋の中を写すときは便利ですよ。
> 室内とか、夕方とか暗い場所、あと望遠での撮影のとき、光を取り込むために時間がかかって、シャッターを押してもすぐに「カシャッ」と撮影できません。手で持っていると小さなユレでも影響しちゃうんです。だからぶれた写真になるんです。けっこうがっかりしますよ。

メリットは、ユーザーが得することを伝えます。書き手からみると、「あなた（ユーザー）は、こんな得をします」になりますね。そこで、「あなたはこうなる」の視点で文章を整理します。すると、次のようなセンテンスになります。

> ・（あなたは）かんたんにぶれのないキレイな写真が撮れます。
> ・自動なので（あなたは）シャッターを押すだけです。
> ・（あなたは）手ブレの起きやすい室内や夕方でもきれいに撮影できます。
> ・（あなたは）手ブレでがっかりすることはありません。

始めからセンテンスにするとラク

メリットがくっきりしました。さらに、最初に言うキャッチコピーのような強いセンテンスと、最後に念を押すためのセンテンスを選んで次のように整えました。

もう、手ブレでがっかりすることはありません。
手ブレの起きやすい夕暮れや室内でも安心して撮影できます。

「もう、手ブレでがっかりすることはありません。」は、「もう」を足すことで、がっかりしないことを強調しました。「手ブレの起きやすい夕暮れや室内でも安心して撮影できます。」は、きれいに撮影することよりも、撮影に失敗しないことを強調するため、「安心して撮影」としました。

後の労力を考えると、簡潔でなくてもいいので、断片的な文章や話し言葉よりも、始めからセンテンスにするほうが楽です。

おさらい!

- **センテンスは簡潔に整えること（簡潔でないと読まれない）**
- **一字一句節約して短くまとめる、無駄な言葉やつなぎを省くだけで簡潔になる**
- **簡潔な文体は、志賀直哉、ヘミングウェイの小説から学ぶこともできる**

売る！文章の技
ライティング編
その17

メリハリをつけて説得力のあるコピーにする

「成功する広告を作るのは技術である、と言ったのはオグルビー」
「現代広告の父と呼ばれた人ですね。でも、技術とは意外です」
「コピーも技術を知ると、わりとスラスラと書けるようになるのだよ」
「文才がないと書けないというのは、根拠のない話？」

スラスラと読めるものはダメ？

「悪くはないけど、メリハリがないんだよね」

私のコピーを読んで、師匠はそう言いました。「淡々としている」と別の先輩に言われたこともあります。

「スラスラ読めるけど、ひっかかりがない」と、後に同じようなことを同僚に言われました。おまけに「こっちのほうがヘタだけど、印象に残る」と、コピーライターではない上司の書いたものと比べ、追い討ちのコメントまでしてくれました。

コピーライターになって、2、3年頃の話です。コツをつかんで自信がつき始めたときです。どんなコピーだったのか？　きっと、言っていることは間違いないし、伝えたいことも入っている。うまくまとまってもいる。けれども、**淡々としていて、どこが重要なのかわからない、読んだ後に何も感じないコピーだった**のでしょう。

師匠や同僚は、チェックということで最後まで読んでくれたのですが、見ず知らずの人は途中で読むのを止めるかもしれません。

伝えたいことが全部入っているしよく書けた。これでよし！　と、たいていは、ここで安心してしまう。しかし、そこで終わってはせっかくのコピーも機能しません。

情報が入っていれば伝わるか

シナリオに説得力があって、伝える内容も間違いなければ、意味がわからないコピーにはなりません。しかし、確かに言う通りだ、欲しくなったと思わせるコピーにはならない。**説得力の差はどこでつくのか**。トースターのコピーで見てみましょう。

商品のメリットと特徴を書き出したもの

❶「パワートースター」は 6枚切り食パンを 45秒で焼くことができます。

❷ダブルターボヒーターと熱風ファンが特徴のクイックトースト機能があるからです。

❸ダブルターボヒーターが 300℃の高温を作ります。
300℃の熱風をファンがトースター内に充満させます。

❹従来の性能では 260℃が限度、独自技術で性能をアップさせました。

❺すぐに焼けるから、朝の支度が速くできます。

❻高温だと短時間で焼くことができるため水分を逃がしません。
だから外はカリっと中はふんわり焼けます。

❶〜❻のセンテンスは、商品のメリット、特徴や働きなどを書き出したものです。訴求ポイントは「パンが速く焼けるので、朝の支度もスピーディになること」、それと「高温短時間で焼くから、外はカリっと中はふんわり焼けること」です。センテンスをつないでみましょう。

表現の工夫とリズムでメリハリを出す

センテンスを並べて、少し整えただけでも、意味は伝わりますね。でも、あっさりした感じです。

センテンスをつないだだけのもの

「パワートースター」は、6枚切り食パンを45秒で焼くことができます❶。ダブルターボヒーターと熱風ファンが特徴のクイックトースト機能が、ふたつのヒーターによって300℃の高温を作り、ファンが300℃の熱風をトースター内に充満させます❷+❸。
従来の性能では260℃が限度でしたが、独自技術で性能をアップさせました❹。すぐに焼けるから、朝の支度が速くできます❺。また、高温だと短時間で焼くことができるため、水分を逃がしません。だから外はカリっと中はふんわり焼けます❻。

淡々としているため、途中で「お！」や「へぇー」と驚きや興味が出にくいと思います。修正してみましょう。メリハリは出たかな？

メリハリをつけたもの

6枚切り食パンがたった45秒で焼けるなんて。ダブルターボヒーターとファンで作られた300℃の熱風が、トースター内に充満するので強力。これまでは260℃が限度でしたが、独自の技術で火力がアップ。高温で一気に焼くため水分を逃がしません。そのため焼きあがりは、外はカリっと、中はふんわり。すぐに支度できるから忙しい朝は大助かり。「パワートースター」なら、ママの仕事はぐんとはかどります。

文字量は少し減らしましたが、内容もシナリオも同じです。しかし、メリハリが違いますよね。センテンスの表現や、リズムを工夫したおかげで、コピーに強弱が出て、「お！」や「へぇー」とひっかかりが出てきたのではないでしょうか。

センスでなく、技術が足りない

コピーは、スラスラ読んでもらえるようでないとダメ。その通りです。ただし、読んだ後で「それで何？」としか思われないようだと、説得力があるとは言えません。

情報を伝えるレベルまではクリアできるでしょう。しかし、せっかく読んでもらうのです、説得できるレベルまでクリアしないと。普段から、いろいろなコピーを目にしますが、情報を伝えるレベルで終わっているケースはけっこう多い。あと少しブラッシュアップすれば、よくなるだけに惜しいなと思うこともしばしば。

コピーに説得力を出すのに何が必要か？　文章や言葉のセンス？

いいえ、センスではないと思います。足らないのは、文章やコピーライティングの技術です。

たとえば、トースターのコピーでも**「始めのセンテンスはつかみが命」「センテンスは短いものと長いものを混ぜる」「語尾を同じ調子にしない」**といった知識と技術を知っていれば、修正前のコピーのようにはならないでしょう。知っていると知らないとでは、こんなに差が出るものです。

おさらい!

- **きちんと内容が書かれていても、説得力があるとは限らない**
- **情報を伝えるレベルで終わってはいけない**
- **コピーに必要なのは、センスではなく技術**

売る！文章の技 ライティング編 その18

すべては第一センテンスで決まる

「“メロスは激怒した。”『走れメロス』はこうして始まる」
「いきなり引き込まれます。その次はどうなります？」
「“必ず、かの邪智暴虐の王を除かなければならぬと決意した。”」
「ますます気になる。文章を書くって、まるでワナを仕掛けるみたい」

読んでもらえる努力をしないと

「君の本が第一ページでこの読者をとらえそこなったら、彼はそれを棚にもどし、別の作家の小説を買うことになるだろう」。『ウォッチャーズ』などモダンホラー小説で有名な、ベストセラー作家、ディーン・R・クーンツの『ベストセラー小説の書き方』の中の一節です。

出だしで読者の心をつかむことができないと読まれない。だから、最初のページで読者の関心を強く引かなければダメだということです。

私の好きな小説家に佐藤正午さんがいます。『永遠の1/2』ですばる文学賞を受賞、近年『ジャンプ』がベストセラーになりました。文章のうまさにも定評のある作家です。わかりやすい言葉、次を読まずにはいられない語り口が魅力。そんな１行で始まる作品も少なくありません。

「失業したとたんにツキがまわってきた。」『永遠の1/2』、「あたしがゆきおくれたのは妹のせいだ。」『姉』、「一杯のカクテルがときには人の運命を変えることもある。」『ジャンプ』、「その夜わたしは人を殺しに車を走らせていた。」『彼女について知ることのすべて』…… どんな話か気になるセンテンスですね。うまいなぁと感心している場合ではありません。コピーも出だしが命です。

優秀な１番バッターのごとく

キャッチコピー、またはキャッチフレーズ（正しくはヘッドライン、タグライン）と呼ばれるコピーがあります。その名の通り、読み手の気持ちをキャッチするのが主な目的です。

キャッチコピーそれ自体で、すべて伝える場合もありますが、リードコピー、ボディコピーと一緒に置く場合は、次のコピーを読ませるための橋渡しが役目です。最初に触れるセンテンスゆえに、読み手の関心を引くような強い表現が求められます。「何かすごそうだ」「もっと知りたい」と思わせなくてはいけない。スタートダッシュのとっかかりを作るという点では、野球の１番打者に似ています。

１番打者の役目は、ともかく出塁すること。そのためには、打力はもちろんのこと、走力、それも内野ゴロでも１塁セーフにするぐらいのスピードが必要です。

コピーの第一センテンスもしかり。読み手の気持ちを瞬時につかんで、その先を読ませる強さがないといけません。では、先ほどのトースターの修正前のコピーを見てみましょう。はたして、塁に出ることができるのでしょうか？

「パワートースター」は、6枚切り食パンを45秒で焼くことができます。

最初に読み手の気持ちをぐいとつかみたい。だから、商品のメリットを真っ先に伝える出だしです。狙いは悪くはありません。しかし、もっとパワーが欲しい。私が監督なら、この１番バッターに「打ったら、死ぬ気で走れ」とはっぱをかけます。すると次のような表現になるわけです。

サプライズをしっかり強調する

死ぬ気で走ると、こんなにも変わります。うん、やればできる。

Before

✕「パワートースター」は、6枚切り食パンを45秒で焼くことができます。

↓

After

○ 6枚切り食パンがたった45秒で焼けるなんて。

伝わるスピードを上げるために、センテンスを短くしました。「読んでもらう」というより「目に入れる」感じです。45秒ということを訴求したい。だから商品名は省きました。

さらに、**「45秒」を「たった45秒」にして、サプライズ感を強調しました。**読み手は商品知識がありません。また、あまりパンを焼いたことがない人は45秒と言われても、それが速いのか遅いのかわからないかもしれません。だから、「たった」や「わずか」といった少なさや小ささを強調する言葉で演出したわけです。

そして、**「焼けるなんて」とユーザー視点の言葉に変えました。まるで、ユーザーが感動するかのような言い方です。興味を引くためのちょっとしたワザ**です。

キャッチコピーとしても使える強さを持っていますから、修正前のコピーよりも、読み手の注意を引くことはできるはずです。

表現の引き出しを作る

表現は他にもあるでしょう。「驚きの速さ！ 6枚切り食パンがたった45秒で焼ける。」「信じられない、6枚切り食パンがたった45秒！」「これはスゴイ、6枚切り食パンがたった45秒で焼ける。」……大げさ過ぎて、うさんくさくならないよう、表現のさじ加減は必要ですけどね。

このように、強調することを知っていれば、いろいろな表現を考えることができます。センスのあるなしではありません。すぐには語彙が思い浮かばなくても、類語辞典を引けば、言葉は見つかります。

コピーをうまく書くには、センスではなく、技術が必要だと述べましたが、わかってもらえたでしょうか。ついでに言うと、コピーをたくさん書くうちに、さまざまな表現やパターンを覚えるので、アイデアや表現の引き出しは自然と多くなります。引き出しを増やすことが、コピーの上達につながることは言うまでもありません。

おさらい!

- **第一センテンスには、読み手の関心を引く役目がある**
- **第一センテンスは、次のセンテンスを読ませる強さが必要**
- **語彙が少なくても、類語辞典で調べればいくつでも見つかる**

売る！文章の技 ライティング編 その19

センテンスをまとめるふたつのコツ

「チャーチルは首相につくや、報告書はもっと短くと指示したらしい」

「第二次世界大戦時のイギリスの指導者ですね。いきなり行政改革!」

「長いと要点を見つけるのが大変だし、読む時間もムダというのが理由」

「要点は短くまとめて書く、コピーも同じですよね」

読み手にひどく不親切

センテンスは短くまとめると、読みやすくわかりやすくなります。長いと読んでいるうちに混乱して、書き手の伝えたいことが誤って伝わることがあります。また、わかりにくいとイライラするので、ストレスにもなります。

次の文章は、実際に配られたオリエンテーション資料から抜粋したものです。コピーではありませんが、ストレスのたまる文章のよい見本です（社名がわかる文字は伏せています）。

お客さまのニーズは多種多様であり、お客さまにとって最適な解は一律ではない。お客さまのニーズ（経済性、×××、×××）によって、×××（商品）、×××（商品）の組み合わせ・・・など最適解は無数に存在する。つまり××（社名）が提案する××（サービス方針）がつねにお客さまにとって有効とは限らず、お客さま個々に合わせた××（社名）の提案=最適化こそがお客さまにとって最適な提案である。

一部署とはいえ、有名な大企業の文書です。センテンスがムダに長い、要点がまとまっていないため、何度読み直したことか。読むほどにイライラしたものです。

20字～40字くらいで書く

笑いごとではありません。ここまで読み手を無視したものでなくても、近いことはやってしまうのでは？

経験を積んだコピーライターには、ほとんど見られませんが、新人や長いコピーを書き慣れていない人は、不要な言葉や修飾、接続詞の多用で冗長なセンテンスを書いてしまいがち。

読み手を説得するには、気持ちよく読んでもらうことが前提です。センテンスを短くまとめるのは、読みやすく、わかりやすいコピーにするためです。

短くまとめるコツはふたつ。ひとつは、ムダな言葉を省いて短くする。ポイントは、**短くて20字くらい、長くて40字ほどでまとめる。**それには、**ひとつのセンテンスで伝えることはひとつにする。**ムダな（なくても話が通じる）接続詞、副詞は省きたい。

次のコピーを読んでください、冗長ですね。あなたなら、どう短くしますか？

Before

✖ 頭の大きさや首の長さは人それぞれなのに、なぜかまくらはサイズが違うだけでみな同じです。そのため、大きさや高さ、かたさが合っていないまくらを選んでしまい、睡眠にも影響することがあります。そこで、この「スヤスヤまくら」です。

くわしくするより、要点が大切

どこが変わったでしょう？　**各センテンスを20～25字ほどにしました。長いセンテンスはふたつに小分けして、「なのに」「なぜか」「この」など、無駄なつなぎや修飾はできるだけ省きました。**一部は表現を変えて、短くまとめています。

> **After**
> **○ 頭の大きさや首の長さは人それぞれ。でも、まくらはサイズでしか選べない。合わないまくらを選ぶと、睡眠に影響することもあります。そこで、「スヤスヤまくら」です。**

短くすると要点も強調されますので、読み手には親切なコピーになります。冗長に書いてしまう人は、たぶんくわしく説明しないと読み手が困ると思い込んでいる。あるいは、すべてきちんと言わないと気がすまない性分ではないかと思います。

誠実であろうとするがゆえに、ついダラダラとコピーを書いてしまうのでしょう。長いので情報が多く、要点がわかりにくい。わかりにくいからイライラする。せっかくの親切心がアダとなるわけです。

気持ちよく読んでもらうには、センテンスは短くまとめたい。コピーにも文字数の制限がありますから、言葉やセンテンスは節約するのが基本です。

言葉と内容、どちらもまとめる

短くまとめるコツのふたつめは、センテンスの内容をまとめること。センテンスが長く、無駄な接続詞でつないでいる、あるいは、くわしく説明するためにふたつのセンテンスに分けている場合は、ひとつにまとめることができないか考えましょう。

> Before
> **なぜかまくらはサイズが違うだけでみな同じです。そのため、大きさや高さ、かたさが合っていないまくらを選んでしまい、**
>
> ↓
>
> After
> **でも、まくらはサイズでしか選べない。**

いろいろ言っていますが、まとめると「不本意だが、まくらはサイズでしか選べない」で済みます。長さは1/3になりますし、要点がくっきりとなりました。

また、「サイズでしか選べない」は「自分に合ったまくらが欲しい」と言い換えても通じます。そこで、もっと短くまとめました。全文だと次のようになります。左の After のコピーと比べてください。

お手本コピー

> **頭の大きさや首の長さは人それぞれ。だから、まくらは自分に合ったものが欲しい。合わないと、眠りに影響することも。そこで、「スヤスヤまくら」です。**

無駄な言葉がない上に、要点はさらにくっきりとなりました。センテンスを短くするときは、言葉を省くだけでなく、内容をまとめることも忘れないように。センテンスが一気に圧縮されて、わかりやすく読みやすくなり、訴求力もアップします。

おさらい!

- **くわしく説明するのではなく、要点をくっきりさせる**
- **センテンスは、20字～40字くらいの短さが理想**
- **内容をまとめると、センテンスも短くなる**

売る！文章の技 ライティング編 その20

リズムは短く長く、長く短く

「リズムがある文章は読みやすいといいますが、なぜでしょう？」
「読むときも頭の中で声を出しているから、リズミカルだと読みやすい」
「お経を読むとき、ポクポクと木魚を叩くのはそのため？」
「読んでいる最中、眠くならないようリズムをつけるという説があるよ」

タン！タン！タン！はダメ？

コピーライターの駆け出し時代、よく「コピーが単調だ」、「メリハリがない」と指摘されたものです。単調だと思われたのは、コピーにリズムがなかったのでしょう。

確かに**リズムがあると、気持ちよく読んでもらえます**。それはわかるけれど、どうしたらリズムが出るのか？　難しいテクニックが必要なの？　そう思う人は多いと思います。

センテンスを短く書けば、リズムが出るよ。そう言う人もいます。そこで、トースターのコピーをできるだけ短くしました。リズムを感じる？

コピーの1文を短くしたもの

6枚切り食パンがたった45秒。300℃の熱風がトースター内に充満。これまでは260℃が限度。しかし、独自技術で火力アップ。高温で一気に焼くから水分を逃がさない。外はカリっと、中はふんわり。支度もすぐできる。忙しい朝は大助かり。ママの仕事はぐんとはかどります。

これでは淡々と、ではなくタン！タン！タン！ と一本調子。しかし、「どうだ！ スゴイだろう！ 欲しいだろう、この野郎！」とせき立てられている気がして落ち着きません。

タン・タン・タタタン・ターン！

正しく言い直しましょう。ストレスを感じさせずに読んでもらうには、**リズムを出すだけではなく、リズムに変化をつけること。**

タン！タン！タン！ と一本調子ではなく、タン・タン・タタタン・ターン！のように緩急をつけるリズミカルなイメージです。短いセンテンスだけでなく、とても短いセンテンス、長めのセンテンスを織り交ぜると単調さはなくなります。

トースターのコピーも、20字から40字くらい、長短織り交ぜて変化をつけています。

コピーに長短をつけたもの

6枚切り食パンがたった45秒で焼けるなんて（20字）。ダブルターボヒーターとファンで作られた 300℃の熱風が、トースター内に充満するので強力（43字）。これまでは 260℃が限度でしたが、独自の技術で火力がアップ（29字）。

センテンスを短くするのは、コピーをうまく書くコツです。だからと言って、すべて20字前後にする必要はありません。ムダな言葉を省いても、まとめても40字が限度なら、そのままでけっこうです。短くし過ぎて意味がわからないと本末転倒ですから。

おさらい！

- **同じ長さのセンテンスが続くと単調になり、読み手を退屈にする**
- **センテンスは長短織り交ぜると、リズムに変化が出て読みやすくなる**

売る！文章の技 ライティング編 その21

「です・ます」か「である」調か。語尾に変化をつけよう

「「です・ます」と「である」、どちらが読みやすいのでしょう？」

「読みやすさに差はない。販促ツールのコピーは、「です・ます」が多いね」

「お客さんが直接手に取るから、親しみやすいほうがいいのでしょうね」

「そうだろうね。でも、意外に「です・ます」は手を焼くことがある」

同じ語尾だと単調な印象に

実は、本書の執筆で後悔していることがあります。センテンスの語尾を「です・ます」にしたことです。**「です・ます」にすると、親しみやすさは出ますが、単調になりやすい。「である」に比べ、変化がつけにくい**ことに気がつきました。

今さら、全文を変えるのは大変。このまま進めることにします。コピーはどうでしょうか。「である」調もあれば「です・ます」調もあります。どちらにしても、同じ調子の語尾が続くと、単調になりがち。ためしにトースターのコピーの語尾をすべて「です・ます」に変えました。どうでしょう？

語尾を「です・ます」にしたもの

6枚切り食パンがたった45秒で焼けます。ダブルターボヒーターとファンで作られた300℃の熱風が、トースター内に充満するので強力です。これまでは260℃が限度でしたが、独自の技術で火力がアップしました。高温で一気に焼くため水分を逃がしません。そ

のため外はカリっと、中はふんわり焼き上がります。すぐに支度できるから忙しい朝は大助かりです。「パワートースター」なら、ママの仕事はぐんとはかどります。

偉そうな感じになるリスクも

一読して、おかしな感じはありませんね。理解できるなら、少々単調でもよいと思うでしょう。けれども、気持ちよく読んでもらうなら、緩急をつけたほうが親切というもの。

たとえば「～するので強力」など名詞や形容動詞で終わって、強弱や区切をつけてココは大事！ と印象づけることもできます。

コピーは読み手にストレスをかけずに強力に伝えるという、けっこう難しいことが求められます。「です・ます」だけではなく、「～しました」を省いたり、体言止めを使ったり、語尾に変化をつけるのも、難しいハードルを越えるための技術です。

私も緩急をつけるコツをつかんだ当初は、体言止めのセンテンスをよく使いました。図に乗っていたのでしょう。でも、ある日、お客さんに言われました。「体言止めが多すぎる。あまり、多いと偉そうな感じがして印象がよくない」と。確かに、**体言止めを多用すると、どこか居丈高な調子にもなります。**くれぐれも取り扱いにはご注意ください。

おさらい!

- **同じ語尾を続けず、ときどき変えるとリズムが生まれる**
- **名詞や形容動詞で終わる語尾を多用すると、居丈高な印象になるので注意**

売る！文章の技
ライティング編
その22

「メリット」を強調しないと読み手の心は動かない

「コピーにも適材適所が必要だ。バッティングオーダーのようにね」
「センテンスそれぞれに役目があるというわけですね」
「とくに主砲となる4番打者の一振りが、コピーの決め手になる」
「打順だと4番目ですが、コピーでは何番目に登場させるのですか？」

残塁か、走者一掃か

私たちが手に入れたいのは商品ではなく、メリットです。商品は手段、メリットこそが目的です。**メリットがイメージできないコピーは、読み手の時間をムダにします。**

機能や働きを伝えれば十分と思う人もいるでしょう。あいにく読み手は、売り手の都合に合わせて、コピーを理解してくれません。それを期待するのは大きな間違いです。したがって、メリットのイメージを鮮明にする必要があります。

たとえば、6枚切り食パンが45秒で焼ける事実は、読み手の関心を引きます。しかし、「へぇ～速いなぁ」で終わってしまい、「欲しい」とまでは思ってくれないかもしれません。

それでは、せっかくつかんだ読み手の心は離れてしまう。野球でいうと、残塁に終わる感じでしょうか。コピーにも4番打者は欲しいところ。1番打者である第一センテンスでつかんだ読み手の興味を、最後に欲しいと思わせるパワーが必要です。

それがメリットの強調です。**メリットは言うだけでは足りない。強調してこそ、コピーの効果を高めます。**

4番打者の仕事のように

例を見てください。トースターのコピーの第一センテンスです。驚きの事実で関心を引きました。読み手はスラスラ読んではくれても、国語のテストの問題のように、積極的に意味を考えながら読みません。すぐにメリットをイメージさせる必要があります。

パンが速く焼けることは、どんなハッピーなことを生み出すのか？

朝の食卓を想像します。朝ごはんの準備をする人はどうなる？　そこを考えます。

第一センテンスからメリットを連想してみる

6枚切り食パンがたった45秒で焼けるなんて。
↓
速く焼けるから、支度も速くなる。
↓
支度が速くなると、時間に余裕が生まれる(朝はいつもあわただしい)。
↓
支度の効率がよくなる、他のことに時間が使えるから助かる。

パンが速く焼けることは、あわただしい朝の支度の効率アップにつながることがわかります。それを表現したのが次のセンテンスです。

商品を手に入れたいと思わせる

すぐに支度できるから忙しい朝は大助かり。「パワートースター」なら、ママの仕事もぐんとはかどります。

朝の支度が効率よくできる！　読み手はそこで初めて、メリットに気づきます。そうなると、商品を手に入れたい気持ちが生まれます。読み手をその段階まで持っていくこと。いわば走者一掃。4番打者の仕事です。

バッティングオーダーを変える

メリットの強調は、センテンスの順番を変えることでもできます。コピーの流れ、シナリオのパターンについては次章でくわしく述べますが、ここでは始めからホームランを狙うパターンを紹介します。

コピーは、「始めよければ終わりよし」。「終わりよければすべてよし」はありません。キャッチコピーや見出し、第一センテンスに力を入れるのもそのためです。

トースターのコピーは、第一センテンスで関心を引き、最後のセンテンスでメリットを強調する流れです。これを変えて、メリット強調のセンテンスも冒頭に移動しました。

冒頭にメリット強調のセンテンスを続けたもの

> 6枚切り食パンがたった45秒で焼けるなんて。すぐに支度できるから忙しい朝は大助かり。ママの仕事もぐんとはかどる。ダブルターボヒーターとファンで作られた300℃の熱風が、トースター内に充満するので強力。これまでは260℃が限度でしたが、独自の技術で火力がアップ。高温で一気に焼くため水分を逃がしません。そのため外はカリっと中はふんわり焼きあがります。

最初から機能とメリットが続くぶん、訴求力は強まった感があります。最初と最後、どちらがベストなのかは、コピーの長さや伝える内容によって変わります。

PLUS ONE

野球の打順の役目とは

チーム事情によって違いはありますが、1番は好打で足が速い、2番もランナーを次塁に送る好打で俊足タイプ、3番は高打率の中距離打者、4番は長打力タイプ、5番も長打力。6～9番は打率のいい順でというのが一般的。ジャンケンで決めるわけではありません。

強調したい個所には強い言葉を使おう

他にメリットを強調する方法といえば、強い言葉や飾り言葉による強調です。ムダな言葉は省くことが基本なので、多用は禁物です。ここぞというところで使いたいもの。

たとえば、最初の段階のセンテンスでは「300℃の熱風をファンがトースター内に充満させます」でしたが、「300℃の熱風が、トースター内に充満するので強力」と、「強力」という強さを印象づける言葉を使って強調しました。

また、「従来の性能では260℃が限度、独自技術で性能をアップさせました」も、「性能をアップ」では弱いので、「独自の技術で火力がアップ」と「火力」という具体的で強い言葉に替え、印象を強めました。

一般的に、文章では飾り言葉はなるべく使わないほうがよいとされています。けれども、コピーライティングでは、うわの空状態の読み手に、くっきりしたイメージを示さなくてはいけません。さじ加減が必要になりますが、強調したい個所には使うことを心がけてください。

おさらい!

- **メリットは言うだけでなく、しっかり強調する**
- **メリットは読み手がイメージしやすいよう、くっきり示す**
- **メリットはセンテンスの順番を変えたり、強い言葉などで強調**

売る！文章の技
ライティング編
その23

表記のルールを確認して無駄な労力を省こう

「印刷が終わった後に、間違いが見つかるってよく起こるよね」
「ありますね。何度もチェックしたのに、なぜか起こる」
「チェックの精度にも問題はあるが、やり方にも問題があることが多い」
「担当者しだいで、チェック基準がころころ変わることもありますね」

無駄なチェックや修正をなくすために

「お尋ねください」と書くと、担当者は「お尋ね下さい」と修正。そう書くと、「おたずねください」と赤字が入ります。「？」となる。今度は担当者の上司がチェックしたようです。

堂々巡りになりそうなので、どうしましょうか？　と聞くと、任せますと責任を押しつけられることも。ひどい場合は、やりとりで険悪な雰囲気になることもあります。

ばかばかしい。でも、よくある話です。文章表記のルールを決めておけば、無駄なチェックや修正はなくなるのに。

あなたが営業担当者やコピーライターなら、最初に表記ルールの有無を確かめましょう。あなたが社内の制作責任者や執筆担当ならば、表記ルールは定めておきたいものです。

『朝日新聞の用語の手引』、時事通信社の『用字用語ブック』、共同通信社の『記者ハンドブック』といった表記の参考になる本が市販されています。ルールを定めている会社は、おおむねこれらを参考にしています。

信用をなくす怖さもある

昔、「キヤノン」を「キャノン」と書いて、怒られたことがあります。つい発音にしたがって書いてしまったわけです。また、サービスを「宅配便」と呼んでいる会社で、「宅急便」と発言したときは、横にいたディレクターが目をむいて、私の足を小突きました。

社名や商品名の表記ミスは、人の名前を間違えるくらい失礼です。一気に信用をなくすこともあり、仕事がやりにくくなります。くれぐれも注意しましょう。

そのほか、同じ IT 企業でも、「コンピュータ」と書く企業もあれば、「コンピューター」と書く企業もあります。文書や印刷物によって表記を変える場合もあります。たとえば、本田技研工業と書くか、HONDA と書くか、あるいはホンダなのか。正式名称と略称の使い分けですね。

企業には、表記ルールを含め、トーン&マナーと呼ばれる文章やビジュアル表現についてのガイドラインのようなものがあります。社内で作るにしても、外注するにしても、始めにそれを示すことを勧めます。ムダな労力だけでなく、修正コストも減らせます。

おさらい!

- **文章表現、社名や商品名の表記ルールは定めておく**
- **表記ミスが多いと、修正労力がかかるだけでなく、信用をなくすことにつながるので注意する**

売る！文章の技 ライティング編 その24

一晩寝かせてうまさを出す

「カレーは作りたてもいいが、一晩寝かせるとおいしくなるよね」
「具やうまみが、カレーにほどよく溶け込みますからね」
「コピーもね、カレーと同じだと思うんだ。寝かせるとよくなる」
「でも、勝手に味わいがよくなるわけではないですよね?」

冷静な頭と読み手の気持ちで

コピーは、コロッケとは違いますので、できたてのまま出してはいけません。書くことは、とてもメンタルな作業です。そのときの気分が表れやすい。よい気分のときは、リズミカルに筆が走り、うまく書けた気になります（ただし、そのときだけ）。

落ち着かないときや、イライラしているときは、リズムもなく、硬い感じになります。提出期限が迫っていると、文法がおかしい、誤字が多い、流れに脈絡がないなど、あせりが文章に出ます。

文章は必ず、時間を置いて推敲する。コピーも同じです。書いた翌日に再読してください。いい気分で書いたコピーも、どこか色あせた感じがします。雑な表現が目についたり、読みやすいけれど、前後に脈絡がないなど粗さが目立ちます。

文章のうまい小説家も、ベテランのコピーライターも、せめて一晩は寝かせると言います。クールダウンした頭と読み手の気持ちで、読み返してブラッシュアップすること。

コピーは、カレーや煮物のように、少し寝かせて出したほうがおいしくなります。また、**重要な表記ミスや、不適切な表現を発見できるリスク対策にもなります。**

音読すると見つけやすい

では、どのような点に注意して推敲すればいいのか。リストアップしたので参考にしてください。

●内容について

□ 説得力あるシナリオになっているか（無理な流れになっていないか）
□ 訴求ポイントがはっきりしているか
□「誰に」「何を」伝えるかがブレていないか
□ 要点はわかりやすいか（余計な情報を入れていないか）
□ メリットは強調されているか
□ 一瞬で心をつかむ第一センテンスになっているか

●表現について

□ 表記ミスはないか（表記ルールに合っているか）
□ 誤字・脱字はないか
□ 単調な感じになっていないか（同じ語尾や同じ長さのセンテンスが続いていないか）
□ 無駄な言葉がないか（なくても意味が通じる接続詞、「これ・あれ」などの代名詞）
□ 見慣れない難しい言葉や漢字を使っていないか
□ 差別や偏見を思わせる表現になっていないか

推敲のポイントは、音読することです。つい目だけで読んでしまいますが、声を出して読むと、表記ミスやリズムの悪さが目立つので発見しやすいのです。

おさらい!

●コピーの推敲は、書いた直後ではなく一晩置くのが理想
●音読すると、誤字や表記ミス、おかしなリズムを見つけやすい

ちょっと休憩!

早く上達したいなら、ネタ帳を作ろう

ソムリエになるにはどうしたらいいか？　そんな問いかけに、まずはたくさんの（種類の）ワインを飲むことからという答え。そんなやりとりを昔テレビで見た。

聞いた側は、専門学校に通ったり、フランスに留学して……といった答えを期待していたようで拍子抜けしていた。でも、ワインをたくさん飲むという答えは、本質をついている。いくら知識を得ても、味を知らなければソムリエにはなれない。

コピーはどうだろうか。コピーをたくさん書く。たしかに必要だ。でも、それは仕事でできる。コピーがうまく書けるようになりたいなら、やはりコピーをたくさん見る、あるいは読むことを勧める。

日頃の生活の中で多くのコピーと出会うはずだ。ウェブサイトで、CMや広告で、新聞や雑誌の見出しで、看板で、チラシや店先のPOPで……。その中で、広告の商品が気になった、欲しくなった。思わずクリックした……などと自分が反応したコピーを採集するといい。

そして、ネタ帳を作って、そこに書き込んだり、貼りつける。ブログやツイッターに書き込むのもよい。書きこむときに、この表現が、この言葉がこうだったから心が動いたと、反応した理由も一緒に記してあるとなおいい。

1日ひとつでも、ひと月で30コのネタができる。3つ以上だと100コだ。たとえ、あなたが少々変わり者であっても、世間とそう変わらない生活をしているなら、あなたが反応した言葉は、他の人も反応するはずだ。だから、コピーを書くときの参考になる。

言葉の引き出しも増える。表現のパターンも覚えるだろう。アイデアにつまったときには助けになるはず。続けてごらん、気がつくと上達しているから。

4時間目

推理小説には、色彩と昂揚感と適量の活気がなくてはならない。

作家　**レイモンド・チャンドラー**

『創作ノート』に記された文体についての覚え書き。
当時のイギリスの文体は退屈だったとか。読み手を退屈させないこと。
これは推理小説だけの話ではありません。
活気のないコピーに読み手の心は動かないものです。

売る!文章の技術
説得力アップ編
その25

＜お悩み解決型＞シナリオで共感させる

「戦争から耳のそうじまで、昔から悩みの種は商売になる」
「つまり、ニーズとは悩みや希望のことか。でも、なぜ耳のそうじ?」
「江戸時代の珍商売に＜耳垢とり＞なる商売があったらしいよ」
「何でもアリ! だから江戸時代は失業が少なかったらしいですね」

説得のシナリオはシンプル

本書では、コピーの構成を＜シナリオ＞と呼んでいます(人によっては＜ストーリー＞、あるいは＜流れ＞と言うこともあるようです)。説得するためのシナリオには、いくつかの基本パターンがあって、それに沿って書くことは、前章で述べた通りです。

始めは商品を知りつくすことから。次に訴求ポイントを決め、誰に伝えるかを決める。続いてアプローチの切り口を考える。その次が、どのようなシナリオで話を進めるかです。

広告やカタログ、セールスレターのコピーはもちろん、ウェブサイトの構成やプレゼンテーションの流れ、実用書の構成まで、実はシナリオに沿って考えられているのです。それも、受け手がポンと膝を叩いて、腑に落ちると思うようなシナリオで。

よくわからない、納得がいかないコピーの場合、センテンスに原因があることも多い。しかし、シナリオに無理があったり、破たんしている場合も少なくありません。複雑に考えすぎるのでしょう。説得のシナリオは、いたってシンプルです。

悩みと解決法を示す

勝利の方程式とまでは言えませんが、**よく使われる説得パターンは決まっています。代表的なのが、＜お悩み解決型＞シナリオです。**

商品や媒体に限らず、一番多く使われているシナリオではないでしょうか。笑ってしまうくらいよく見かけます。薬品やサプリメントなど健康関連商品は、ほとんどこのシナリオを使っています。

＜お悩み解決型＞シナリオ

❶ 悩み（不安、不満、不快、不便）を示す
↓
❷ そのままでは大変と悩みをあおり立てる
↓
❸ 解決方法（商品の機能）を示す
↓
❹ 解決策として商品を紹介する

問題を指摘して、解決方法を教える。もっともよい方法が商品を使うことである。シンプルな流れですが、悩みを持つ読み手にとっては説得力を持ちます。

最終的に手に入れるかどうかは、価格やインセンティブ（割引や特典など）といった、お得感の度合いにかかってきますが、欲しいと思わせることは難しくありません。

マイナスを消す商品向き

＜お悩み解決型＞シナリオは、不満のつぶやきや読み手への問いかけで始まることが多い。

> 夜、ぐっすり眠れない。
> 眠れないのをガマンしていませんか?

といったセンテンスですね。続いて、

> 眠りが浅いと、毎日の生活に支障が出るばかりではなく、カラダも……。
> 眠れない原因はさまざまですが、意外に多いのが……。

など、悩みを解決しないともっとひどくなること、あるいは、悩みの原因を示して読み手の不安をあおります。

読み手は解決方法を知りたがる。だから、

> 熟睡するには、いろいろな方法があります。たとえば、頭と首にフィットした枕……。

と解決方法（商品の機能）を教えます。そして、

> そこで、おススメなのがスヤスヤまくらです。

と問題を解決してくれる機能や働きを持った商品を紹介します。最後は、

> 枕を変えるだけでも、カラダの負担が軽くなり……。

など、メリットの念押しで締めくくります。

以上が基本的な流れです。**不満、不安、不便、不快の「不」を解消する、マイナスの状態を改善する商品に向いているシナリオ**です。

スジが通っていれば影響なし

大きく分けて、4つのプロセスがありますが、媒体やスペースによって、各プロセスの比重は変わります。文字数が多くてもいい場合は、4つそれぞれ情報量を増やします。

たとえば、悩みの背景についてくわしく解説する、信用を高めるためにデータを示す、機能や働きについてもくわしく説明など、情報の質を深める方法です。

通販広告や通販サイトであれば、キャンペーン価格や数量限定といった、買う気を高める情報やコピーが入ります。

反対に少ない文字数、小さなスペースの場合は、プロセスを一気に圧縮します。検索連動型広告のように、わずかな文字数であれば、「不眠でお悩みなら、枕で解決」など問題と解決を示すにとどめる方法があります。くわしい説明は、クリックしたリンク先のページで紹介すればいいわけです。

媒体やスペースによる編集のコツは次章で述べますが、シナリオの流れにスジが通っていれば、コピーの量が長くても短くても説得力にはさほど影響しません。

おさらい!

- **＜お悩み解決型＞は悩みに対する解決法（＝商品）を示す**
- **＜お悩み解決型＞は不安、不便など「不」を消す商品向き**
- **シナリオのスジが通っていれば、コピーの長さは関係ない**

売る！文章の技術
説得力アップ編
その26

＜ハッピー先出し型＞シナリオでワクワクさせる

「75%赤身と 25%脂肪、どちらがいい肉？　とアメリカの大学で実験した」

「ひっかかりませんよ。どちらも同じですよね。」

「ところが、75%赤身のほうがよいと答えたほうが多かった」

「ポジティブなほうが反応しやすいということでしょうか？」

情熱と冷静を使い分ける

説得したいなら、読み手が得することを言わねばなりません。しかも出会い頭が勝負。それならば、**始めにメリットをズバリ伝えよう。それが＜ハッピー先出し型＞シナリオ**です。

この商品を手に入れると、こんなにハッピーになります！　とポジティブな状態をイメージさせて関心を引きます。人は誰しも楽しくなる、便利になると言われれば気になるもの。感情が動きやすくなります。

ポイントはその後です。いくらハッピーなイメージをくっきりさせても、広告はどうせうまいことばかり言う、都合の悪いことは言わないと思われています。なぜハッピーになれるのか？　その疑問に答えなくてはいけません。信用の成否はそこにかかっていると言えるでしょう。

最初に感情を動かして、次に論理的に話す。情熱と冷静の使い分け。それが、＜ハッピー先出し型＞シナリオのポイントです。

ハッピーなシミュレーションを見せる

＜ハッピー先出し型＞の基本パターンは、3つのプロセスで成り立っています。

＜ハッピー先出し型＞シナリオ

❶ ハッピーなイメージを示す
↓
❷ ハッピーの理由を示す（証明する）
↓
❸ 理由と商品の機能や働きを結びつける

読み手は商品のメリットがよくわかっていません。自分が使ったらどうなるのか想像がつきません。だから、ハッピーなイメージをくっきりさせて、シミュレーションを見せてあげる必要があるのです。

「商品、あるいは機能のおかげでハッピーになった・なるかも」と＜おかげで〜＞で考えましょう。

（おかげで）友だちにスゴイと驚かれるかも。
（おかげで）待つことなく買えます。
（おかげで）もう悩むことはありません。

……と日常のシーンを連想させるのがコツ。長めのコピーの場合、ハッピーなイメージを示した後に、

以前は、わざわざ〜しないと〜できないので大変でした。

などと、商品を使う前、いかに不便や不快であったかを言うことがあります。ビフォーとアフターを比べて、ハッピーを強調するためです。

セールスレターでは、ビフォー＆アフターが身の上話のように、ドラマティックに語られることが多いようです。

プラスを足す、モアベター商品向き

読み手をハッピーな気分にさせた後は、それが確かであることを証明します。論理的にクールに。そうでないと納得してもらうのは難しい。

「犯人はあなたですね」と切りだして、理路整然と動機や証拠を挙げながら犯人を追いつめる探偵のように語りたいものです。

> **毎日わずか20分のトレーニングで、コピーがスラスラ書ける。**

と関心を引いた後は、

> **それを可能にしたのが、パターン暗記法です。パターンをおぼえれば、あとは言葉を入れていくだけ。DVD教材＜コピースラスラ＞は、100個のコピーのパターンを～**

などと理由を述べて、商品と結びつけます。ナゾ解きのような流れです。

＜ハッピー先出し型＞は、＜お悩み解決型＞と同じように、マイナスを消す商品にも使われますが、**＜もっと便利＞や＜もっと快適に＞といった、プラスを足す、モアベターをもたらす商品にもよく使われます。**

旅行や習いごと、電気製品など、生活に不可欠ではないが、あれば生活の質を高める製品やサービスです。

また、商品や機能がよく知られていない、新しいタイプであるなど、ユーザーがイメージしにくい場合も、始めにハッピーを出すほうが読んでくれるでしょう。

アンハッピーで不安をあおるというのもアリ

＜ハッピー先出し型＞のバリエーションに、＜アンハッピー先出し型＞もあります。始めに不満や不便をイメージさせるシナリオです。

今の年金や退職金では、豊かな老後は難しいのでは。

新築でいられるときは、わずか。ローンが終わった頃は〜

などと、軽く脅かすセンテンスから始まります。

今は大丈夫かもしれないが、未来はハッピーだとは限りませんと不安にさせる。それから、商品へ導くあたりは、＜お悩み解決型＞と似ています。クローズアップする悩みが、現在なのか未来なのかが違うだけです。

＜アンハッピー先出し型＞は、＜お悩み解決型＞同様にマイナスを消す商品に向いています。ただし、あまり脅しが強いと、私のような小心モノは恐怖や不安が増大するだけ。納得する前にパニックになるので、さじ加減が必要です。

商品よりも、恐怖のほうが印象に残ってしまうことも予想されますので、大げさなアンハッピーは禁物です。

おさらい!

- **＜ハッピー先出し型＞はモアベター商品に合う**
- **イメージされにくい商品も＜ハッピー先出し型＞が合う**
- **ネガティブな未来を示す＜アンハッピー先出し型＞はマイナスを消す商品に合う**

売る！文章の技術
説得力アップ編
その27

＜特徴アピール型＞シナリオで感心させる

「昔、コピーはメリットを言えと言われたものだけど」
「この本でもそう言っていますよね。違うのですか?」
「それは基本だよ。でも、メリットがわかりやすい特徴もある」
「ナントカのひとつ覚えのように、型にはまっちゃイカンということで」

わかりやすいなら、特徴からでもOK

商品の中には特徴がわかれば、メリットもイメージしやすいものがあります。そんな商品は、特徴を中心に語って説得します。

新モデルは、1テラバイトの大容量。

お米は、魚沼産こしひかりを使っています。

などのわかりやすい特徴は、メリットがイメージしやすい。メリットから始めなくても説得することができます。

＜特徴アピール型＞シナリオ

❶ 特徴を示す
↓
❷ 特徴の働きやしくみ、品質を説明する
↓
❸ メリットを示す

前章で使ったトースターのコピー例も＜特徴アピール型＞です。メリットを示すのは、最後の締めくくりの場合もありますし、

6枚切り食パンがたった 45秒で焼けるなんて。すぐに支度ができるので、ママの仕事もはかどります。

と特徴を示した後に続けて出す場合もあります。

＜だから＞の関係は忘れない

特徴だけで説得できるなら、メリットは強調しなくてもいいの？

いいえ、特徴とメリットは結びつけてください。特徴とメリットを＜だから＞で結んでも納得できる論旨にします。

新モデルは、1テラバイトの大容量。（だから、）ハイビジョン画質で○○○時間も録画ができます。

と、特徴中心でもメリットはハッキリ。読み手が得する話はきちんと押さえます。もし、特徴がイメージしにくいかも？　と思う場合は、

なぜ、取手部分が大きなカーブ状になっているのでしょう?

と問いかけるセンテンスを使います。理由を知りたいので、その先も読んでくれます。

おさらい!

- **わかりやすい特徴は特徴中心の話でも大丈夫**
- **ただし、特徴とメリットの関係はしっかり伝える**

売る！文章の技術

説得力アップ編

その28

<論より証拠型>シナリオで信用させる

「何かについて話すと、よくその根拠を示せと言われる」
「それはそうですよ。信ぴょう性がないと信じませんし」
「よくも悪くも、データなどの数字は説得力があるからね」
「演説の上手な人は、正論や原理を巧みに入れますね」

事実や原理は説得力がある

どうも人は正論や原理原則を言われると弱いもの。データや客観的事実も同じ。実際には偏っている、あるいは発表側にとって都合がいいことでも、つい信じてしまう。

そのためか、コピーでも信ぴょう性を高めるために、よくデータや原理原則を使います。

日本人の三人に一人は～

人は判断するとき、理性より感情を優先する。

といったセンテンスをよく見かけるはずです。

事実や原理、ニュースといった客観的（だと思われる）要素を入れると、読み手は好奇心を刺激されます。売り込みの匂いも弱くなるので読んでもらえる可能性が高くなります。

＜論より証拠型＞シナリオ

❶ 原理原則、事実を示す
↓
❷ ❶を受けて機能や働きの必要性を説く
↓
❸ 機能や働きが商品にあることを示す
↓
❹ メリットを伝える

周辺情報からズームイン

ショックなデータです。日本の住宅のほとんどは～

などと、事実やデータなど客観情報から始める。つまり周辺情報から、徐々に商品にズームイン。それが＜論より証拠型＞の説得プランです。

また、データや事実は機能や働き、メリットの質を証明するときにも、よく使われます。商品のヒアリング時に得た情報から選びます。たとえば、

視野は移動すると狭くなる。それを前提に考えられたのが○○機能。

のように、開発の理由や背景から得た原理を持ち出して、メリットや特徴に結びつけると説得力が出てきます。論理的になって説得力も上がりますね。

おさらい!

- **データや原理を使うと、話に客観性が出て説得力が増す**
- **データや原理は商品のヒアリングやニュースなどから手に入れる**

売る！文章の技術
説得力アップ編
その29

＜ハリウッド映画型＞シナリオで感動させる

「ハリウッドエンディングという言葉、意味はわかるかね？」
「愛は勝つ！　ハッピーエンドということですね」
「その通り。法則化されて、映画制作の授業や教科書にも載っている」
「言われてみると、ハリウッド映画って同じような感じがしますね」

ハッピーエンドへの道

文字通り、ハリウッド映画の典型的なストーリーのような流れです。映画だけでなく、ドラマや小説にも使われていますが、広告でもよく見かけます。

特にセールスレターや健康食品の広告やCMは、たいてい＜ハリウッド映画型＞です。基になっているのは、実際に映画の脚本術で使われる法則です。

法則は4つのパートに分かれます（映画の場合は、1パートは約30分）。

映画の脚本で使われる法則

ACT1：＜主人公の運命を変えるできごとが起きる＞でスタート
↓
ACT2：＜主人公に試練が降りかかる＞
↓
ACT3：＜主人公は試練を克服＞でクライマックス
↓
ACT4：＜主人公は勝利や幸せを得る＞でハッピーエンド

シルヴェスター・スタローンの出世作『ロッキー』はまさにこの流れです（『ロッキー』シリーズはすべて同じパターン）。

商品や魔法の指輪と同じ

実は先に紹介したクーンツの『ベストセラー小説の書き方』で述べられている、成功する小説のプロットも、ハリウッド映画の法則とほぼ同じです。また、アメリカの民俗学者、アラン・ダンデスもネイティブアメリカンの民話を研究して、似たような法則があることを指摘しています。観客や読み手がおもしろいと感じる、あるいは感動するパターンには時代や国境にかかわらず共通するものがあるようです。

そんな法則が、コピーで使われないわけがありません。『ザ・コピーライティング』で著名なジョン・ケープルズが書いた、音楽の通信教育のコピー、

> **わたしがピアノの前に腰を下ろすと、みんな笑いました。しかし、わたしが弾き始めると……**

もハリウッド映画の法則と同じようなシナリオです。

このコピーでは、ACT4がクローズアップされています。ACT1～ACT3は、さらりと触れられている程度。そのぶん、ハッピーエンドの様子が、主人公によって、生き生きと語られます。

映画や小説では、主人公の運命を変えるのは、魔法の指輪や謎の人物ですが、広告の場合は商品です。商品を手に入れることでハッピーになるストーリー。それは＜ハリウッド映画型＞シナリオに限らず、説得の流れを考える上で基本となるのです。

PLUS ONE

わかっていても感動

マンガ雑誌「少年ジャンプ」のマンガは、必ず「努力・友情・勝利」と３つの要素を含むように作られるというのは有名な話。ゴールに向かって仲間と助け合い勝利をつかむ。型通りですが、なぜか感動します。映画もマンガもヒット作には公式があるようで。

『プロジェクトX』のように語る

＜ハリウッド映画型＞は＜お悩み解決型＞とほとんど同じです。違う点は流れではなく表現スタイルです。厳密に言えば、＜お悩み解決型＞のバリエーションです。

> **以前、わたしは文章を書くのも読むのもが苦手でした。ところが、社内報の担当になりました。すらすら文章が書ける方法はないかと探していたところ〜**

といったように、ユーザーの声や使用レポートで使われるケースが多いのが特徴です。

＜ハリウッド映画型＞シナリオ

❶ 不満がある、願望があることを示す（試練）
↓
❷ 商品が不満を解消する、願望をかなえることを知る（出会い）
↓
❸ 商品の機能や働きを体験（クライマックス）
↓
❹ メリットを示す（ハッピーエンド）

セールスレターは＜ハリウッド映画型＞の流れが多い。そのほか会社や商品誕生のエピソードも物語調で書かれることが多いようです。

テレビ番組『プロジェクトX』のように、苦難を乗り越えて成功をつかむストーリーなので、思わず読んでしまう。物語は好奇心と想像力をとても刺激する表現スタイルなのです。

リアリティのある描写で

こうしてハッピーエンドやサクセスストーリーを、物語のように書くコピーは、最近ではあまり使われていないようです。新聞や雑誌の通販広告でたまに見かける程度です。

説得力がないからではありません。コピーが多いと読まれないと思われている、コピーが多いと広い媒体スペースが必要なので、費用の面から手が出せないといった理由からでしょう。

けれども、読み手を離さないスタイルです。ウェブサイトや、ウェブに埋め込む動画など、スペースや長さをあまり気にせずにすむメディアでは活用できるはずです。

表現のポイントは、リアリティを出すこと。どのような悩みで、どのように困っていたのか具体的な情報や心情を入れると、読み手は引き込まれます。ありえない！　と思われたら信用されません。

よく考えると『ロッキー』のストーリーだって都合がよすぎるところもある。でも、見始めたらそう感じないどころか感動してしまうのは人物や心情の描写、舞台設定にリアリティがあるからです。

おさらい!

- **ハリウッドの法則は映画や小説で広く使われている**
- **コピーの場合、物語調でドラマティックに語ること**
- **描写は具体的に表現するとリアリティが出る**

売る! 文章の技術
説得力アップ編
その30

コピーは シナリオで こんなに変わる

「5つのシナリオで、コピーがどう変わるか見てみよう」
「おさらいのおさらいですね。同じ内容でも変わるものですね」
「＜ハリウッド映画型＞以外は、200字以内でまとめてみた」
「それぞれのポイントはどこでしょう?」

＜お悩み解決型＞シナリオの場合

肩こりがする、首が痛い……。
もしかすると、枕が合っていないかもしれません。
頭の大きさや首の長さは人それぞれ。
合わないままだと睡眠にも悪影響。
枕は首や頭にピッタリなものを選びたい。
「スヤスヤまくら」は頭の大きさや重さ、首の高さに
応じて変化する＜マジック構造＞を採用。使う人に合わせて、
枕の中身が最適な高さや固さに変化します。
頭をやさしく包み込むような心地よさ。
だから、スーッと眠れて、目覚めもスッキリ。

始めに示した悩みの原因を＜枕が合っていないかも＞と示し、商品の必要性へ誘導しています。文字スペースに余裕があれば、肩こりや首の痛みのメカニズムを説明して、枕選びに結びつけると説得力が増します。

＜ハッピー先出し型＞シナリオの場合

ぐっすり快眠、もう首の痛みで目覚めることもありません。
「スヤスヤまくら」は頭の大きさや重さ、首の高さに
合わせて変化する＜マジック構造＞を採用。
使う人に合わせて、枕の中身が最適な高さや固さに
変化するので、オーダーメイドのようにジャストフィットします。
頭をやさしく包み込むような心地よさ。
だから、スーッと眠れて、目覚めもスッキリ。

出だしで、悩みが解決されて快適である状態をイメージさせます。＜使う人に合わせて＞のニュアンスを強調するために、＜オーダーメイドのように＞と表現。わかりやすい言葉で表現すると、イメージしやすくなります。

＜特徴アピール型＞シナリオの場合

頭の大きさや重さ、首の高さに合わせて変化する＜マジック構造＞。
まるでオーダーメイドのようにジャストフィット。
頭の大きさや首の長さは人それぞれ。合わないままだと睡眠にも
悪影響。枕は自分にピッタリ合うものを選びたいものです。
「スヤスヤまくら」は使う人に合わせて、枕の中身が最適な
高さや固さに変化します。
頭をやさしく包み込むような心地よさ。だから、スーッと眠れて、
目覚めもスッキリ。元気な毎日は、快眠から始まります。

わかりにくい特徴ではありませんが、読み手がイメージしやすいよう＜オーダーメイド＞＜ジャストフィット＞でわかりやすく表現しています。内容の方向性は＜悩みの解消＞ではなく＜快適が増す＞に。それに合わせたセンテンスで締めています。

＜論より証拠型＞シナリオの場合

[※1]枕の高さは、頚椎の高さより－1センチが最適(ベッドの場合)。
±2センチ以上だと、首を痛めるリスクがあるそうです。
頭の大きさや首の長さは人それぞれ。合わないままだと
睡眠にも悪影響。
「スヤスヤまくら」は頭の大きさや重さ、首の高さに
あわせて変化する＜マジック構造＞を採用。
使う人に合わせて、枕の中身が最適な高さや固さに変化します。
頭をやさしく包み込むような心地よさ。
だから、スーッと眠れて、目覚めもスッキリ。
(※1国際まくら学会の調査データより)

リスクを示す＜お悩み解決型＞の流れに、データを出して信頼性を高めています。冒頭のようにデータ（この場合は架空）や事実を出すときは、出典元は明記しましょう。

<ハリウッド映画型>シナリオの場合

「これまでの苦労は何だったんだ」とサトウさん。
首の痛みで眠れない日が続いていました。整体や整形外科など様々な方法を試しました。しかし、いずれも今ひとつ。
いつのまにかあきらめていました。
夜中、痛みで目が覚めることもよくあります。
そんなある日、「枕を変えるといいかも」と奥さまが買ってきた枕。
使う人の頭の大きさや重さ、首の高さに合わせて、枕の高さや固さが変化するという。
大きな期待はしませんでしたが、一晩試してびっくり。
思わず出た一言が冒頭の言葉。
それ以来、毎日快眠の日々を送っている、ユーザー歴1年のサトウさん。
「スヤスヤまくら」は、頭をやさしく包み込むような心地よさ。
だから、スーッと眠れて、目覚めもスッキリ。

ユーザーの声を、物語スタイルで表現するとこうなります。悩みが解決するまでのプロセスを順番通りではなく、商品の体験（クライマックス）からメリットを示す（ハッピーエンド）までをクローズアップしています。最後の２行は、念押しのためです。

おさらい!

●シナリオ次第で、いろいろな説得のアプローチができる

売る!文章の技術
説得力アップ編
その31

書き出しは不安や不便から始める

「いざ書こうと思うと、どう始めていいか悩みます」
「まずは思い切って大まかに書く、後で整えればいいわけだし」
「とりあえず、ですか?　居酒屋の注文じゃあるまいし」
「700年前の中国のベストセラー『文章軌範』にそう書いてあるもん」

とりあえず悩みを示す

ちょっとした文章でもそうですが、コピーも書き出しにはいつも悩むものです。頭の中では、おおまかな流れも内容も決まっているのに、出だしに迷ってしまう。

何せ、第一センテンスで読み手の関心を引かねばなりません。話の切り出し方で、その後の運命が変わります。悩むのも無理ありません。

そんなときは、シナリオの出だしを思い出してください。シナリオの基本パターンの流れに大きな違いはありません。導入部分が違うくらいです。

たとえば、＜お悩み解決型＞は、悩みを示すことから始まります。センテンスの表現も、

夜、眠れなくて困っていませんか。

といった＜○○○できずに悩んでいませんか＞タイプのセンテンスで始まることが多いものです。

ちっとも書き出しが決まらない。そんなときは、とりあえず＜困っていませんか＞＜悩んでいませんか＞調で始めましょう。出だしが決まれば、次のセンテンスも書きやすくなります。

バリエーションを使いこなす

＜～で困っていませんか＞＜～で悩んでいませんか＞といった、不満や不安を示す表現。そのままでも使えますが、バリエーションも多い。よく使われるものを見てみましょう。

まずは**困った状況や悩みを並べるパターンです。並べた後は＜こんな悩みはありませんか＞＜そんな方におすすめです＞と続けるとスムーズです。**

＜困った＞を並べるパターン

- 疲れが抜けない、やる気が起こらない、食欲も湧かない……こんな悩みはありませんか。
- 疲れが抜けない、やる気が起こらない、食欲も湧かない……そんな40代におすすめです。
- 疲れが抜けない、やる気が起こらない、食欲も湧かない……こんな悩みを持つ40代は多い。

次に**＜したいけれど、問題があってできない＞悩みをクローズアップするパターンを見てみましょう。**第三者や読み手の視点から語ることが多いです。

＜したいけれど＞パターン

- 毎日続けたいけれど、コストがかかる。そんな不満を持つ人は少なくありません。

・毎日続けたいけれど、コストが気になる。もっと気軽に使える方法があるとうれしい。

他にはまるで、**悩みを聞いてあげた友人が共感するかのように、読み手の心情に同意する表現もあります。**

<察してあげる>パターン

・オビには短い、でもタスキには長い。それでは不便ですね。
・オビには短い、でもタスキには長い。ピッタリ合うものが欲しい。

ポジティブな視点で見る

不満や不安は裏返すと希望や願望です。そこに気づけば、**不満や不安を示すパターンは、希望や願望を示すことでも成立しますね。**

次のセンテンスは不満や不安をストレートに示すパターンです。これを裏返すとどうなるか？

不満・不安 毎日続けたいけれど、コストが気になる。もっと手軽に使える方法があるとうれしい。新サービス「らくらくサポート」は～

↓

希望・願望 コストを気にせず、毎日続けたい。そんな方法があるとうれしい。新サービス「らくらくサポート」は～

不満・不安 疲れが抜けない、やる気が起こらない、食欲も湧かない……こんな悩みを持つ40代は多い。

↓

希望・願望 疲れもスッキリ解消、やる気満々で毎日を過ごせたら、40代はもっと楽しくなるのに。

どうです？　ネガティブなアプローチがポジティブに変わりました。でも、伝えたいことは変わりません。ただ自分で書いて言うのも何ですが、パターンというのはクセモノです。法則にしたがって考えてばかりいると、思考が固まってしまうことがあります。

不満や不安を示すパターンに沿って書いても、よいコピーは書けます。けれども、正反対の視点から考えられる柔軟性も欲しい。アプローチしだいで表現のバリエーションも増えるわけです。パターンは利用する、でも縛られない。これもポイントです。

スムーズにつなぐには

不満や不安を示した後はどうするか？　**その理由や予想を示してあおる**と＜お悩み解決型＞の流れで、次のようになります。

> 疲れが抜けない、やる気が起こらない、食欲も湧かない……こんな悩みを持つ 40代は多い。40代になると、基礎代謝が低下して～代謝を高めるには○○○が必要です。「代謝びんびん」には～

希望や願望で示した場合は、それらを実現する方法を示し、商品へ結びつけるとスムーズにつながります。

> 疲れもスッキリ解消、やる気満々で毎日を過ごせたら、何てすばらしい 40代になることか。それには衰えがちな基礎代謝を高めるのが一番。「代謝びんびん」には～

＜ハッピー先出し型＞の流れですね。これが一番書きやすいシナリオでしょう。

おさらい!

- **書き出しに困ったら、＜不満・不安を示す＞で始める**
- **スムーズなつなぎができれば、困ったこと、悩みを並べるだけでも OK**
- **＜不満・不安を示す＞は＜願望・希望を示す＞ことでも表現できる**

売る！文章の技術
説得力アップ編
その32

「おススメ」からズバリと始めるアプローチ方法

「潜在的な欲望がニーズ、顕在的なのがウォンツと考える」
「ウォンツ状態の人は、持って回った説明はイヤかも」
「ニーズ状態は、不満や不安に気づかせてウォンツに持っていく」
「とすると、ウォンツ状態は始めからズバリ行けってこと？」

伝わる速度がスピーディ

書き出しに困ったときのふたつめの解決法。それは、**いきなり商品（もしくは商品の機能や働き）を勧めること**です。この出だしは、＜ハッピー先出し型＞、＜特徴アピール型＞シナリオの流れで進めます。

不平・不満を示すイントロは、潜在的な欲望を刺激して、欲しいと思わせるアプローチでしたね。それに比べ、このおススメアプローチは、欲望が顕在化している読み手にとっては、伝わるスピードが速いぶん、有利です。検索連動型広告のコピーに向いています。

＜おススメアプローチ＞の例

最近のご主人のコレステロール値をご存知ですか。総コレステロール値が 220mg／dl以上、とくに LDLコレステロール値が 140 mg／dl以上ならキユーピーディフェをおすすめします。

キユーピーの「ディフェ」の広告からです。ボディコピーの出だしを抜粋しました（キャッチコピーは「愛は食卓にある。」）。

200 字ちょっとの短かさということもあって、最初に商品を勧めています。その理由も書かれているので、短いながらも説得力はありますね。

おススメの後は理由を述べる

「ディフェ」の出だしは、

<こんな問題があるなら商品がおすすめ>

と問題と解決策を一緒に示しています。他にも、おススメパターンはさまざまに使われています。

<あるといいね>パターン

軽くて丈夫なタイプがあると便利ですね。おススメは〜。

<選ぶ理由を教える>パターン

丈夫なタイプはさまざまありますが、軽さで選ぶなら、〜おオススメ。

<アドバイス>パターン

早く上達したいなら、プロのテクニックを学ぶとよい。そこでおススメなのが〜。

機能や働きと結びつけるパターンです。おススメと言わずに、商品名を言ってもかまいません。勧めた後は、その理由を述べます。根拠を言わないと信用されません。機能や働きを示す、あるいは品質を証明するセンテンスが続きます。最後にメリットで動機づけをすると、きれいにまとまります。

おさらい!

- **最初に商品を勧めるコピーは、伝わるのが速い**
- **勧めた後は、その理由を述べて一貫性のある流れにすること**

売る！文章の技術
説得力アップ編
その33

流行や事実から始めて説得する

「論理的な思考方法に演繹法というのがある」
「一般的原理を大前提にして考える方法ですね」
「人はウソをつく、アナタは人だ。よってアナタはウソをつく」
「むむむ。上四方固めのように逃れられない説得力」

客観性が効果的

出し惜しみしません。書き出しが決まらないときの打開策は、まだあります。よく使われるのはブームやトレンドといった流行、事実を取り入れるイントロでしょう。

＜最近、流行っているのが～＞といった出だしは、よく目にします。客観性が高い（と思われている）流行や事実を前提に話すと、なぜか信用してしまう。そこを利用します。

どのシナリオでも合うから使いやすい。たとえば次のような出だしではどうなる？

> **最近、携帯音楽プレーヤーで音楽を聴きながらジョギングするのがブーム。**

＜お悩み解決型＞なら

> **しかし音楽に気をとられて、歩行者や自転車、クルマが近づいても気がつかない。とても危険です。ボリュームが自動で調整できると便利。そこで～。**

というような流れで続くでしょう。

＜ハッピー先出し型＞なら、

> 音楽を楽しみながら走るのは気持ちがいい。さらに安全だとますます楽しくなる。『きたきたイヤホン』なら、クルマやバイクが近づくと〜

とメリットを実現する機能の紹介へ続きます。

「ブーム」や「最近流行」は気になるもの

＜特徴アピール型＞であれば、

> だから、クルマやバイクが近づくと自動的にボリュームが低くなるのはうれしい。『きたきたイヤホン』には〜

と機能と働きを紹介する流れになります。

＜論より証拠型＞では、

> たとえば 5メートル先のクルマの音は○デシベル。もし○デシベル以上で音楽を聴いていたら全く聞こえない。ジョギング中の理想の音量は○デシベル、『きたきたイヤホン』は〜

と事実で説得していく流れになるでしょう。

ブームなどの流行現象、誰もが知っている事実やイベント、新学期やクリスマスなど季節の話題を示す。もちろん、商品と結びつくことが条件です。それから、商品、あるいは機能や働きの必要性を説くとスムーズに流れます。

＜最近流行っている＞とか、＜ブーム＞といった言葉自体が、関心を引きやすい。つい目が行ってしまう。せっかくですから、第一センテンスにも利用しましょう（もちろん、ウソはダメ！）。

事実といえば、データを示す方法もあります。世論調査、消費者調査、商品に関する調査、モニター調査……さまざまなデータがあります。インターネットのおかげで、データ入手は楽になりました。うまく使いたいものです。次のページのコピーのように。

一貫性のある流れに

ヘーベルハウスの『ロングライフ住宅』の新聞広告より、後半部分を抜粋しました（前半は、ヘーベルハウスのユーザーの証言）。流れに一貫性もあって、説得力のある内容になっています。お手本にしてください。

データを上手に活用している例

> こんなデータがあります。住宅の平均寿命は、
> 米国が約55年、英国が約77年に対して、日本はわずか約30年。
> 環境問題や少子高齢化問題がクローズアップされる今、
> 日本でも、住宅を消費財としてではなく、大切な資産としてとらえた家、
> 『ロングライフ住宅』が、これまでにも増して求められるのではないでしょうか。
> この国で『ロングライフ住宅』を実現する上でまずクリアすべきは、
> 耐震性に十分すぐれた構造であること。都市部の住宅密集地では火災に強いこと。
> さらに、長期にわたるメンテナンス体制が整っていること。
> 築30年を経過しても、建物に資産価値があり、売買ができる家であること。
> そして住まい手が、愛着をもって住みつづけること。
> これらの要件をすべて満たすことで、『ロングライフ住宅』と呼べる家になるのです。

住宅の平均寿命に関するデータを示すことから始まります。そして、データから見える問題の解決策として、商品を勧めています。その理由も、商品の機能を述べることで示しています。シナリオでいえば、＜論より証拠型＞の流れです。

わかりやすい特徴なので、メリットを強くイメージさせるセンテンスはありませんね。それは、前半のユーザーの証言で伝えようとしているのでしょう。

他の表現も考えよう

左のコピーの出だし「こんなデータがあります。」は、なくても話は通じます。けれども、読み手を引きつけるには、あったほうがよいと思いませんか。少し不安をあおるなら、

気になるデータがあります。
心配になるデータです。

と強調してもいいでしょう。読み手はドキッとして、読まずにはいられないと思います。ついでに言うと、

日本の住宅の平均寿命をご存知ですか?

と前項で紹介したキューピー『ディフェ』のような問いかけ調の出だしも使えますね。「わずか30年。心配になる事実です。」と不安を増大させる出だしでもいい。

データから始めるにしても、センテンスの表現はいろいろ考えられます。パターンのマネだけでなく、こういう表現もできないかと、あれこれ悩むのもコピー上達のコツです。

おさらい!

- **流行現象や事実、季節やイベントの話題は関心を引きやすい**
- **世論調査や消費者調査などデータをうまく取り込むと説得力も増す**

売る! 文章の技術
説得力アップ編
その34〜40

本当に役立つイントロの技術7選

「こうしてみると、いろいろなパターンがあるものですね」

「ふっふっふっ。気前がいいだろう。何でも好きなもので書きなさい」

「よく見ると、＜不満解消＞、＜おススメ＞、＜特徴＞のバリエーション?」

「その通り。でも、言葉の使い方しだいで、関心を引く力はアップするのだよ」

困ったときのお助けアイデア

小説やエッセイほどではないにしても、コピーの出だしもさまざま。＜不安・不便＞や＜おススメ＞から始めるパターン以外に、よく使われるイントロを挙げてみましょう。

34 ＜第三者の評価や売れゆきを示す＞で始める

- 雑誌「ベストセラー」年間ランキングで 1位に選ばれました。人気の理由は〜。
- 2000年の発売以来、ロングセラーを続けている商品です。人気の秘密は〜。
- あのメルセデスに採用されたほどのクオリティ。その特徴は〜。

35 ＜商品開発ストーリー＞で始める

- きちんと栄養を摂りたいビジネスマンのために開発しました。何かと忙しく、ついお昼を食べそこなうことも…。そこで〜。

・野菜ソムリエや栄養士のアドバイスから生まれました。だからおいしいだけでなく、栄養も～。

36 <想像させる>で始める

・想像してください。上り坂でも誰かが後ろから押してくれるようにスイスイ走れる。
・たとえば、年を取って足腰が弱くなったとしましょう。自転車で上り坂を走るのは予想以上に大変です。
・椅子に座っているとき、どんな姿勢になっていますか。もしパソコンを使っていたら、猫背になっていませんか。

37 <選択ポイントの提案>で始める

・お年寄りが使うものだから、何よりも安全性が大切です。
・～を選ぶときは何を重視しますか？　価値ではなく、価格だけで決めていませんか。

38 <比較>で始める

・～というと一般的にAを使いますが、このタイプはBを使っています。その理由は～。
・～は、これまでは A方式が一般的でしたが、環境への影響を考えると B方式のほうが～。

39 <違いを示す>で始める

・安全性を重視？　それならこのタイプ。材質が違います。
・～のようなよくあるタイプとは違います。その理由は～。

40 <最適な相手を示す>で始める

・使いやすさが違います。とりわけ外出の多い人には便利。たとえば外で～。
・握力が弱い女性や高齢者にはとても便利です。

売る!文章の技術
説得力アップ編
その41

情景が目に浮かぶように書く

「小説などでは、'行間を読ませる' 文章は高く評価されるけれど……」
「行間を読むには、読み手は読解力が求められる。でも、能力は人それぞれ」
「コピーの場合、読み手がいろいろと解釈できるような文章ではダメ?」
「読み手にあれこれ考えさせる必要はない。まっすぐ目的地に連れて行く」

よく読まなくてもわかるかどうか

読み手の知性をあなどってはいけませんが、想像力には期待しすぎないように。よく読めばわかると思うのは、書き手のごう慢です。コピーは念入りに読まなくてもわかるように書くべきです。

わかりやすいコピーは、簡潔で論理的であること。これは最低条件です。**くわえて説得力も必要です。**その柱となる説得のシナリオについては、すでに述べた通り。しかし、柱はもうひとつあります。それが**イメージを鮮やかにさせる表現テクニック**です。

まず、次の文章を読んでください。バーについて語っています。

夕方、開店したばかりのバーが好きだ。店の中はきれいだし、バーテンダーの身なりはきちんとしている。酒瓶やグラスもきれいに並んでいる。バーテンダーがカクテルを作り、コースターに載せる。

隣にナプキンを添えて。その一杯を味わう。静かなバーでの最初のカクテル—何ものにも代えがたい。

なぜ共感しやすいの？

内容は開店したばかりのバーでカクテルを味わう喜び。今度は次の文章を読んでください。同じ話ですが、印象が大きく違うはずです。

夕方、開店したばかりのバーが好きだ。店の中の空気もまだ涼しくきれいで、すべてが輝いている。バーテンダーは鏡の前に立ち、最後の身繕いをしている。ネクタイが曲がっていないか、髪に乱れがないか。バーの背に並んでいる清潔な酒瓶や、まぶしく光るグラスや、そこにある心づもりのようなものが僕は好きだ。バーテンダーがその日最初のカクテルを作り、まっさらなコースターに載せる。隣に小さく折り畳んだナプキンを添える。その一杯をゆっくり味わうのが好きだ。しんとしたバーで味わう最初の静かなカクテル—何ものにも代えがたい。

お酒かバーの広告のコピー？　そう言っても納得する美しい文章です。これはハードボイルド小説の作家、レイモンド・チャンドラーの『ロング・グッドバイ』の一節です。翻訳は『ノルウェイの森』、『1Q84』で有名な村上春樹さんバージョン（2007年、早川書房）です。最初の文章は、私が作ったものです（チャンドラー、および村上ファンの方、許してくださいね）。

内容は同じですが、開店したばかりのバーの魅力がリアルに伝わるのは後者です。**描写が映像的、バーの様子が目に浮かびます。だから共感しやすい**。ここがポイントです。

言葉で見せる、触らせる

表現を見てみましょう。

- 店の中の空気もまだ涼しくきれい
- バーの背に並んでいる清潔な酒瓶や、まぶしく光るグラス
- まっさらなコースター
- 鏡の前に立ち、最後の身繕いをしている。

と開店したばかりのみずみずしさが､鮮やかに伝わります。まるで、自分がそこにいるような感じ。バーに行くなら開店直後に、という気にさせてくれます。

わかりやすく書くというのは、内容だけではありません。描写についても同じです。特徴や魅力があっても、それがあいまいだと読み手はイメージできません。つまり､特徴や魅力はわからないまま。当然、心は動きません。

コピーであれば、商品を体験している姿がイメージできないと、欲しい気持ちは湧きにくいもの。言葉は写真や絵と違って、一目瞭然というわけにはいきません。たとえば＜柔らかい＞という表現。ゴムのように柔らかいのか、「フワッ」と柔らかいのか言わないと、＜柔らかい＞が想像しにくい。

もし、商品に動きがあるなら説明してあげましょう。「使い方がカンタン」でもかまいませんが、「サッと取りだして、パッと開くだけ」のほうが、どのように「カンタン」なのかイメージしやすくなります。言葉で見せてあげる、触らせてあげる、味わってもらう……イキイキとした描写による表現。これもまた説得に欠かせないテクニックです。

言葉とビジュアルの相乗効果を

小説は言葉だけで伝えなくてはいけないので、描写はくわしいほうがいい。幸い広告やカタログのコピーは、写真などビジュアルが一緒に並びます。おかげで､小説のように綿密な表現をしなくても済みます。

そうは言っても、商品の魅力はイキイキと伝えましょう。いくら写真やイラストがあるからといって、あっさり表現するのは手抜き。**写真からのイメージを増幅したり、わかりやすいようビジュアルに注目させて、説得力を高める**努力は必要です。

- ご覧ください、この色合い。深みがありながら、光沢のある〜
- 写真でおわかりのように、上と下に付いているデコレーションが〜

といったように、ビジュアルをうまく使えば、イキイキと描写することができます。ビジュアルとの相乗効果も狙えます。

読み手が思惑通りイメージするとは限りません。誤解するかもしれません。読み手の想像力をうまくリードしてあげる工夫も必要なのです。

おさらい!

- **読み手の想像力を期待しない。そのためイメージを鮮やかにさせる表現が必要**
- **まるで目の前に商品があるような、触っているようなリアルな描写も必要**
- **写真などビジュアルと言葉を相乗させて、イメージを鮮やかに伝える**

売る！文章の技術
説得力アップ編

その42 感覚に訴える描写でイキイキと表現する

「マンガを読んでいて気づいたのだが、オノマトペが多く使われているね」

「オノマトペ？　アフリカの国名にありそうな名前ですね？」

「もぐもぐ、ガツガツ……だから、マンガの食事シーンはイキイキしている」

「ガツガツ食べられる？　オノマトペって、塩やコショウみたいなスパイス？」

言葉のストックを増やして

擬音語・擬態語でイキイキと

- バゲットのような表面がパリッとしたパン
- 具だくさんのサンドイッチも具ごとスパッと切れる
- 体と一体化したようにスイスイ歩ける
- キュッキュッと音がするくらいツルツル
- 砂糖ゼロだから、ゴクゴク飲める
- お口の中でフワッと溶けます

雑誌やカタログをパラパラとめくり、目についた文章を並べてみました。**描写がイキイキとしていますね。その理由は「スパッ」「キュッキュッ」といった擬音語・擬態語（オノマトペ）によるものです。動く様子や状態のニュアンスが、感覚的に伝わってきますね。**

擬音語・擬態語を使うと、視覚、聴覚、嗅覚、触覚、味覚にストレートに訴えることができる。言ってみれば、言葉のスパイスです。瞬時にイメージが鮮やかに伝わります。

ただ会話ではよく使うのに、文章を書くときはすんなりと出てこない。そんなときのために、**擬音語・擬態語辞典を使ったり、小説や雑誌などで気になった表現をメモしておいたりと、言葉のストックを増やす**努力はしておきたいものです。

イキイキは推敲時に

イキイキと表現したいが、始めから書くのは無理という人も多いでしょう。書き慣れないうちは、内容や構成はおかしくないかと基本的なことが気になって、表現まで熟考する余裕がないかもしれません。でも、それで大丈夫。**推敲のときに直せばいいわけです。**

最初は、「切れにくい完熟トマトも簡単に切れます」と書く。見直す際に、自分にこう質問します。「簡単に切れる」とは、どう簡単なのだろう？　どのように切れるだろう？　そうすると、たとえば「スーッ」「スパッ」と言葉が浮かびますね。

出てこなければ、＜と切れる＞でネット検索すると、＜スパッと切れる＞など何かしら出てきますから、そこから選びます。使い方に不安があれば、辞書で確認します。

擬音語・擬態語によるイキイキ描写は、読み手のイメージを鮮やかにしますが、注意点もあります。化粧品、健康食品といった健康・美容関連商品の広告表現は、薬事法で規制されています。「サラサラ」も「血液がサラサラ」と使えば違反になります。表現ルールの共有やチェック体制など、リスク対策はしっかりしておきましょう。

おさらい!

- **擬音語と擬態語を使うと表現がイキイキする**
- **最初は内容や構成に気をつけ、イキイキ表現は推敲時に仕上げる**
- **薬事法に触れる表現もあるのでリスク対策はしっかり**

売る！文章の技術
説得力アップ編
その43

くっきり具体的に！イマジネーションを刺激する

「写実主義と印象派、絵画では対照的だけど、コピーは両方必要なんだ」

「現実をありのまま表現するのが写実主義。印象派というと？」

「平たく言えば、テーマをくっきり強調する描き方が特徴だ」

「つまり、コピーはありのままでありながら、訴求ポイントはくっきりですね」

表現やセンテンスを強調する

まるで商品が目の前にあるかのように、まるで実際に使っているかのように、リアルに描写する。イキイキとした表現を書くコツですね。読み手をその気にさせるには、もうひと押しです。さらに読み手のイマジネーションを広げましょう。

そこでセンテンス表現を強調するテクニックが必要です。商品の価値を十分に伝えないと、読み手は納得しないものです。**商品がなぜ必要なのか、商品を使うとどんなすばらしい体験があるのか。**そのイメージが中途半端であると、読み手の欲望は起きてはくれない。想像力を刺激しなくてはいけません。

表現が強くなると、メッセージも強まります。商品を手に入れていないため困っている。あるいは、商品を手に入れすばらしい体験を得た。そんな必要性に気づかせる、動機づけになるイメージ、読み手の欲望を高めるイメージを伝えるべきです。

描くのは誰がどんな状況なのか

たとえば、ハンディタイプの軽量掃除機。

重さはわずか 1kgなので、掃除がらくらく

これでも特徴もメリットもわかります。けれども、使うことで実現するだろう快適体験まではイメージしにくい。体験シーンを見せましょう。これではどうでしょうか。

体験シーンを見せる

重さはわずか 1kg、片手でお子さんを抱っこしながらでも、らくらく掃除できます

シーンがハッキリしているので、メリットは強調されますね。

では、これはどう？

色落ちや、型くずれしない丈夫なカバーと、頑丈な耐久性を備えたソファです。

丈夫なのはわかりますが、必要性までは感じない。イメージを強調するセンテンスをプラスしましょう。長く書いてみました。

イメージを強調

リビングではじっとおとなしくしている？　それはありえません。実際は、子どもたちは汚れた手でシミをつける。パパはアームレストにドスンと腰掛ける……。でも安心してください。このソファは、洗っても色落ちや型くずれしない丈夫なカバーと、少々乱暴に座っても平気な耐久性を備えています。

このように**シーンを具体的に描写する**と、丈夫なソファを選ぶべきだと伝わりますね。ポイントは、訴求したい相手が商品を使っている、もしくは使っていないシーンを描くこと。それもいかにもありそうな状況で。読み手の脳裏にシミュレーションさせるのです。

比較して強調する

つけ加えるなら、商品を使うメリット、使わないデメリットはビジュアルのヒントにもなるはずです。

たとえば、前ページのソファの広告。シミだらけで、ゆがんだアームレストのソファ写真。そこに、

> 見出し
> **2週間前は、新品だったのに……**
>
> ボディコピー
> **リビングではじっとおとなしくしている？　それはありえません。～**

と先ほどのコピーを続けます。

商品を使わないデメリットを誇張するアイデア例です。広告ではよく使われる発想法です（ただし、カタログではメリットイメージのほうがよいでしょう）。覚えておくといろいろ応用できます。

その他、ライバルと差別化したいときは、**比較して強調する方法**があります。

> Before
> **カラフルなボディは、さらに軽くて薄くなりました。**

というコピーも、もし＜軽さと薄さ＞が差別化できるなら、

> After
> **カラフルなタイプは他にもありますが、ここまで軽くて薄いボディはありません。**

と、他との差をハッキリ指摘したほうが際立ちます。

また、差別化ではなくても、訴求したいことは強調しましょう。

Before

おしゃれなデザインのデスク、中身がひと目でわかる機能的な引き出しが付いています。

と、あっさりと表現してしまいがちですが

After

ペンひとつ見つけるにも苦労する引き出し、どんなにデザインがおしゃれでも、そんなデスクは失格です。

と、訴求ポイントはくっきりさせたほうが、印象に残るものです。

＜～のような＞で鮮やかに

表現の強調には言葉を飾る方法もあります。＜わずか＞や＜たった＞といった程度を強調する方法、それに＜比ゆ＞です。

＜～のように＞と他のものにたとえる表現法ですね。コピーでは、それほど多用しませんが、物事の状況をわかりやすく、印象的に伝える場合は使いましょう。たとえば、

カラーは、新緑のようなグリーンです。

という表現。グリーンにもさまざまな色調があります。具体的に伝えたいなら、比ゆを使ったほうが表現はイキイキします。

どうしてもたとえる言葉が思いつかない場合は、＜のように鮮やかなグリーン＞でネット検索すれば、＜新緑のように＞＜若葉のように＞といった表現が出てくるはずです。

おさらい!

- **センテンス表現が強くなると、メッセージも強まる**
- **商品の体験シーンを読み手の脳裏にシミュレーションさせる**
- **イキイキ表現は、くわしい描写、比ゆ、比較を使おう**

売る！ 文章の技術

説得力アップ編

その44

読み手の気持ちを思いやる想像力をもつ

「最初はぬるめ、次はちょっと熱く、最後はちょうど熱いお茶を出したのは？」

「石田三成ですね。豊臣秀吉にお茶を出した。それが気に入られて取り立てられた」

「最初はノドが渇いていたから、すぐ飲めるようぬるめにしたんだね」

「相手を思いやる気づかい。思いやりは、想像力と言いますからね」

きれいな＜面＞になっているか

説得のシナリオや表現の強調など、いろいろとコピーを書く技術を紹介しました。それらひとつひとつは、コピーを作る＜点＞のようなものです。大切なのは、＜点＞がきれいな＜面＞になっているかどうか。

ここでいう面とは何でしょう？　それは読み手にとっての＜私のストーリー＞です。正確に言うと、**＜商品と私の幸せストーリー＞**になります。

いくら商品が優れていることを訴えても、読み手が**「私に関係があるかも」「私へのメッセージかも」**と受け止めてくれないと、共感も感情移入もしないので説得はできません。

また、**「私がハッピーになっている」**姿がイメージできないと、商品に対する欲望も興味も起こりません。では、＜私のストーリー＞と思ってもらえるコピーにするには、何が必要なのでしょう？　答えを述べる前に次のコピーを読んで考えてください。少々長いですが、ぐいぐいと読んでしまいます。

私のストーリーと思わせる

真面目なお母さんほど、ひとりで悩んでいる。

食の崩壊や子どもの孤食などが話題になるたびに、「いまどきのお母さんは…」と批判されがちです。しかし私たちやずやは、日頃から女性のお客様とよくお話をするので、食について真剣に考えているお母さんがたくさんいらっしゃることを知っています。自分の寝る時間を削っても、夜は帰りの遅い夫を待って夕食を温め直し、朝は子どものお弁当を作るために早起きをする。そういう人ほど、家庭の健康のために「もっと栄養バランスのとれた料理を作らなくては」「おかずの品数はこれで足りているのか」と、反省や努力を重ねています。大変なのは料理に限りません。家事、育児、介護とあらゆる家庭の仕事に対して、悩みながら孤軍奮闘しているのです。

家庭の仕事は、社会から評価されにくい。

厳しい競争社会で働くお父さんも、受験や友だち関係で悩む子どもたちも、毎日がんばっています。でも、外での仕事や勉強は、職場や学校という公の場で「がんばり」を正当に評価してもらう機会があります。しかし家庭の仕事は、がんばっても評価されにくいものです。せめてひと言、家族から感謝の言葉が欲しいのに、それすらなかなか言ってもらえないようです。

家族への気持ちをくんだ商品をつくりたい。

私たちやずやにも、家庭をもつ女性社員が多く働いています。その社員たちもまた、お母さんとしての悩みや要望を抱えています。だからこそお母さんの目線で商品開発を行ってきました。「好き嫌いなく家族でおいしく食べられる食品を」「毎日食べるなら、おかずより主食を見直したい」「主食で栄養も補えれば助かる」。さまざまな意見交換、試行錯誤を重ね、商品化したのが『やずやの発芽十六雑穀』です。すでに多くのお客様にご愛用いただき、「普通にごはんを炊くだけなので気がラク」「子どもや夫が喜んでくれる」といった声が寄せられています。(以下省略)

読み手の心に寄りそう

どのように感じましたか？　健康食品メーカー<やずや>の『やずやの発芽十六雑穀』の新聞広告のボディコピーです。キャッチフレーズは、

日本のお母さんは、がんばっている。

です。ボディコピーは３ブロック構成。最初と二番目のブロックに注目して下さい。読み手である、お母さんの立場や心情をよく考えた内容、文章表現になっていますね。

自分の寝る時間を削っても、夜は帰りの遅い夫を待って夕食を温め直し、朝は子どものお弁当を作るために早起きをする。

と、苦労を描写したあとは、

家庭の仕事は、がんばっても評価されにくいものです。せめてひと言、家族から感謝の言葉が欲しいのに〜

と、本音を代弁。読み手の日常と心のうちがくっきりと描かれています。

おそらく、これを読んだお母さんは、「これは私のことだ」「私の気持ちがわかっている」と思ったことでしょう。読み手の心に寄りそった、<私のストーリー>になっています。

ボディコピーの３ブロック目では、お母さんの悩みや目線から商品が開発されたこと、ユーザーのうれしい声が語られ、

私たちの商品が、家族の健康を守りたいという願いに、少しでも応えることができれば幸いです。

と締めくくられます。そのままセールレターのコピーにも使えるクオリティです。<私のストーリー>に必要なものは何か？　もうわかりますね。

創造より、想像すること

「広告的な表現の技法を鍛えるということは、相手への想像力が大きくなることだ。」と人気ウェブサイト『ほぼ日刊イトイ新聞』の糸井重里さんは自著で述べています。まさにコピー上達のコツ。**読み手の心を動かす＜私のストーリー＞を書くには、＜創造力＞よりも、＜想像力＞が必要なのです。**

もちろん、やずやのようなコピーは想像力だけでは書けない。それまで、多くのユーザーから話を集めたのだと思います。それらをシナリオの流れにそって、読み手の立場に立ち、手紙を書くように心情を察しながら、ていねいに表現したのだろうと思います。

150字程度で、ひとつの機能を説明するのに＜私のストーリー＞を入れる余裕は、それほどないかもしれません。けれども、せめて1行くらいは読み手の想像力を大きくするような表現は欲しい。あなたが、いろいろとテクニックを使って書きあげたコピー。**＜点＞が＜面＞になって、＜私のストーリー＞が描けているかどうか。**世に出す前に、ぜひ確認してください。

おさらい!

- **センテンス表現のテクニックは、＜商品と私の幸せストーリー＞のための手段**
- **読み手の立場や心情をよく考えて書くこと**
- **それには、創造力よりも想像力が必要**

ちょっと休憩!

漢字の量と、読みやすさは比例するか？

読み手にとって、センテンスでの漢字の割合はどれくらいがベストか。以前、気になったので調べた。その結果、漢字が3、ひらがなが7を推奨しているのが一番多かった。

確かに「私達は犬に噛み付いた」より「私たちは犬にかみついた」のほうが読みやすいし、見た目の圧迫感はない。しかし、コピーを書くときには比率のことなどほとんど意識していない。もっとも、キャッチコピーの場合は、漢字かひらがなか、カタカナかで悩むことはある。見た目や文字数のことを気にするからである。

意識していないとは言っても、ボディコピーのような長めの文章はやや漢字少なめを心がけている。漢字が多いコピーは、見た目の圧迫感があるから、抵抗があるだろうと経験上から、そのようにしているだけ。

最近の日本人は漢字が書けない、読めないとよく言われるが、漢字の読解力の向上はコピーライターの仕事ではないから、読みやすさわかりやすさ重視のスタイルで書くほうがいいと思っている。漢字はやや少なめでいい。

ところが、ワープロやパソコンが普及すると別の問題が起きた。変換である。難しい漢字も一発変換できるから、読みやすさを考えずに使ってしまう。漢字は少ないが、難しい漢字だらけの文章ができるわけだ。おまけに誤変換も起きやすい。

「私たちは犬に噛みついた」は漢字が少ない。でも「噛」が読めない人もいる。おまけに画数の多い漢字はパソコン画面で見づらい。「プ」と「ブ」だって画面が小さいと読み間違える。ウェブサイトの文章は特に注意したい。

結局のところ、漢字の比率はあくまで目安にする程度でいい。大切なのは文章全体が抵抗なく読めるようになっているかどうかである。そこは間違えないように。

売る! 文章の技

編集編

5時間目

表現は生み出すことも大切だが、生み出した中から選び出す作業がもっと重要である。

クリエイティブディレクター/コピーライター　**仲畑貴志**

著書『みんなに好かれようとして、みんなに嫌われる』より。
表現の選び方、切り口、構成、見せ方しだいで、
コピーの強さはずいぶん変わります。もちろん読み手への浸透度も。
何を残して、何を捨てるか、編集も大切なプロセス。

売る!文章の技 編集編 その45

キャッチコピーを作るコツ<その1>ボディコピーを活用する

「ボディコピーを読む人は､キャッチコピーを読む人の1/5だとか」

「かなり昔のデータだけど、今もキャッチがない広告は読まれないよね」

「読み手に読むかどうかを決めさせる電報のようなものと言う人もいました」

「広告効果の 7割、6割はキャッチコピーで決まるとも言われているしね」

読まれる順に合わせない

一般的にコピーと言えば、キャッチコピー（＝ヘッドライン）と思われていますが、目的やデザイン、レイアウトによって３つに分けられています。

読み手の関心を引くキャッチコピー（強い表現で短い）、読み手の期待を高めてボディコピーへ導くリードコピー（情報をチラッと見せる、キャッチコピーより長い）、読み手を説得するボディコピー（長めの文章）です。

コピーの流れ

キャッチコピー（強い表現で短い）
↓
リードコピー（情報をチラッと見せる、キャッチコピーより長い）
↓
ボディコピー（読み手を説得する長めの文章）

もっとも、実際は常に3つがセットで使われるわけではありません。リードコピーのない広告は多くありますし、その代わりにボディコピーに見出しを付けるなど使われ方はさまざまです。

読み手からすると、始めにキャッチコピーに心をキャッチされて、次のコピーへと読み進むわけです。でも、コピーの書き手（そう、あなたです）からすると、読まれる順に書く必要はありません。**実はボディコピーから始めると書きやすい**こともあるのです。

<急がばまわれ>で書く

コピーを書く順番に正解があるわけではありません。ただし、コピーライターではないけれどボディコピーまでも書かなくてはいけない人、コピーライターだが新人さんの場合は、ボディコピーから書くことも試してください。私は今でもその方法で書くことが多いです。

理由を述べましょう。本書でも200字ほどのコピーの書き方を紹介してきました。**始めに商品を知りつくし、誰に何をどのようなシナリオで伝えるのかを決めて、説得力のあるセンテンスで書く。**

これらのプロセスを経ることで、あなたの頭の中では、商品知識、商品価値、訴求の切り口といったコピーに必要な要素が整理されているはずです。だから、200字のコピーでも書けるわけです。

始めにキャッチコピーから書こうとすると、慣れないうちはまず短く強い表現にしなくてはと気負ってしまい、なかなか先へ進まない。精神衛生上よくありませんね。

どうせボディコピーも書くのです。それならば、先にエッセンスとなるボディを書いて、そこからある部分に焦点を当てて、キャッチコピーに編集したほうが効率的です。

説得の流れも組み立てられているので、キャッチコピーも発想しやすい。裏ワザでも何でもありません。急がばまわれということです。

第一センテンスを利用する

前章で使った枕のコピーを例に見てみましょう。＜お悩み解決型＞パターンです。

ボディコピー

> **肩こりがする、首が痛い……もしかすると、枕が合っていないかもしれません。頭の大きさや首の長さは人それぞれ。合わないままだと睡眠にも悪影響。枕は首や頭にピッタリなものを選びたい。「スヤスヤまくら」は、頭の大きさや重さ、首の高さに応じて変化する＜マジック構造＞を採用。使う人に合わせて、枕の中身が最適な高さや固さに変化します。頭をやさしく包み込むような心地よさ。だから、スーッと眠れて、目覚めもスッキリ。**

一番簡単なのは、第一センテンスを少し変えて使う方法です。悩みをクローズアップします。それと、ボディコピーを少し変えました（アンダーライン部分）。

第一センテンスからキャッチコピーを作る

> **肩がこる、首が痛い。枕が合っていないかも。**
> **頭の大きさや首の長さは人それぞれ。枕が合っていないと睡眠にも悪影響。枕は首や頭にピッタリなものを選びたい。「スヤスヤまくら」は、頭の大きさや重さ、首の高さに応じて変化する＜マジック構造＞を採用。使う人に合わせて、枕の中身が最適な高さや固さに変化します。頭をやさしく包み込むような心地よさ。だから、スーッと眠れて、目覚めもスッキリ。**

もう少し短くした、「**肩こり、首の痛み、原因は枕かも。**」や、悩みとその解決策を示す「**肩こり、首の痛み、それなら枕を変えてみたら。**」のような表現でもいいでしょう。

主目的は見込み客を選ぶ

第一センテンスの「肩こりがする、首が痛い……もしかすると、枕が合っていないかもしれません」は、読み手の悩みに対して原因（＝解決策の示唆）を関連づけた内容です。

ですから、キャッチコピーは＜肩こり＞＜首の痛み＞と、＜枕＞との間に何か関係あると思わせるような表現がベストです。

あるいは「**夜中、首が痛くて目が覚める。**」、「**朝起きると、肩こりや首が痛むのはナゼ？**」と読み手の関心をキャッチして、「**もしかすると、枕が合っていないかもしれません。頭の大きさや首の長さは人それぞれ。〜**」とボディコピーを読ませる。悩みや原因と解決策を切り離して、キャッチコピーは＜悩み＞だけに焦点を当てる考え方もできます。

ポイントは＜肩こりや首の痛みで悩んでいる見込み客＞をキャッチコピーで選び出すことです。そしてボディコピーで説得させて行動させる。この一連の流れに矛盾があったり、意味が不明だといくらキャッチコピーが強くても、ボディコピーに説得力があっても効果は期待できません。

おさらい!

- **ボディコピーも書くなら、先にボディを書くとキャッチコピーが書きやすくなる**
- **一番簡単な方法は、ボディコピーの第一センテンスを利用すること**
- **キャッチコピーの役目は見込み客を選び出すことでもある**

売る！文章の技
編集編
その46

キャッチコピーを作るコツ<その2>ニーズの状況から考える

「売るのに苦労するのが、ニーズが埋もれているユーザーだ」
「商品が必要な理由に気づいていないからですね」
「そんなユーザーに<～でお悩みの方へ>スタイルではダメなんだよ」
「では、まず埋もれているニーズを引っ張り上げなくてはいけない?」

顕在化ユーザーには悩みで

キャッチコピーの役目は、読み手の関心を引き、見込み客を選び出し、次のコピーを読ませることです。その他に欲しくなる理由に気づかせる役目もあります。前項の悩みに焦点を当てる表現を含めて、比較的よく使われるアプローチを紹介しましょう。

悩み解決アプローチ

➡ **悩みをユーザーの立場から言う、悩みの解決法を示す**

例）

肩こりがする、首が痛い。枕が合っていないかも。
肩こり、首の痛み、原因は枕かも。
肩こり、首の痛み、それなら枕を変えてみたら。
夜中、首が痛くて目が覚める。
朝起きると、肩こりや首が痛むのはナゼ?

➡ 商品を手に入れて得たよい状態（問題が解決された、快適が増えた）を言う
（＜ハッピー先出し＞パターンで作ったコピーの第一センテンスを利用する）
例）

ぐっすり快眠、もう首の痛みで目がさめない。
整体に通わなくても、ぐっすりと眠れます。
快眠よこんにちは。整体やハリよ、さようなら。

悩み、あるいは悩みが解決された状況をクローズアップするアプローチは書きやすさ、使用頻度でいえば、定番といっていいスタイルです。

また、検索連動型広告のコピーでもよく使われます。特にニーズが顕在化してウォンツになっている‘今すぐ知りたい’ユーザーには効果的です。

たとえば、＜肩こり＞＜首が痛い＞＜不眠＞といった問題に関連するワードで検索を行う場合、コピー（タイトル＋説明文）に解決策、あるいは問題と解決策が示されていれば、関心を引きやすくなります。

ネットの場合は、コピーを最初からていねいに読んでいくというよりも、関連するワードを拾うという読み方をする傾向が強いので、「肩こり、首の痛みなら＜枕＞を変えよう」といった悩みや解決法を示す具体的な言葉が入っていると有利です。

潜在化したユーザーには気づきを

ニーズが顕在化しているユーザーがいる一方で、ニーズが埋もれているユーザーもいます。誰かに言われないと問題に気づかない。つまり商品の必要性に気づかない状況です。こうしたニーズが潜在化しているユーザーには、別のアプローチが必要になります。

軽く脅すアプローチ

➡ 商品を手に入れないと大変だと気づかせる

例）

枕はきちんと選ばないと、知らない間に首を痛めることも。
枕が合っていない、放っておくと首を痛めて眠れなくなる。

軽く脅しをかける表現ですね。ボディコピーでは、なぜそうなるのか理由や因果関係をはっきり示してください。そうでないと、インチキだと思われ、悪い印象が残ります。そして、脅したらちゃんと解決法も示してください。

得することを教えるアプローチ

➡ 役に立つ情報を教える

例）

快眠のコツは､頚椎の高さより－1センチの高さの枕を選ぶこと｡

＜論より証拠＞パターンの第一センテンスを利用しました。ユーザーの得になる情報を教えて、商品の必要性を高めるアプローチです。裏付けのある情報であれば､客観性があるので関心だけでなく、信用も持たれやすくなります。必要性を強めるには、次のような警告調での表現も有効です。

警告調でのアプローチ

例）

大丈夫？　枕の高さが頚椎の高さより±2センチ以上だと、首を痛めるかも。

枕の高さ、気にしてる？　首の高さより±2センチ以上だと、首を痛めるかも。

この場合も、ボディコピーで理由や因果関係を示して、商品の特徴に結びつけてください。

選ぶポイントを教えるアプローチ

例）

枕は、首の高さに合ったものを選んでいますか。

ふとんにはこだわるのに、枕には気をつかわないの？

役に立つ情報を教えるアプローチに似ていますね。商品を選ぶポイントを示す。これもユーザーの得になる情報です。商品の特徴やメリットが選ぶポイントになります。ボディコピーでは、なぜ選ぶポイントになるのか、その理由をきちんと示してください。

おさらい!

- **問題が顕在化しているユーザーには、悩みと解決策を示す表現が有効**
- **商品の必要性を感じていない、問題が潜在的なユーザーには、役に立つ情報（事実や警告）を伝えるのが有効**

売る！文章の技 編集編 その47

リードコピーのよい使い方とは？

「そもそもリードコピーとは、何のためにあるのでしょうか？」
「キャッチやボディに比べると地味だよね。重要だって習わなかったし」
「リードコピーの名人って聞いたことがありませんよ」
「必要かどうかは、読み手の立場から考えるとわかるんだけどね」

リードは不要？

キャッチコピーの書き方、ボディコピーの書き方については、いろいろとテクニックやコツがあるようです。しかし、リードコピーについては、ほとんど見かけません。

要らないものなのでしょうか？　確かに印刷広告ではあまり使われません。キャッチコピーとボディコピーで構成されているケースがほとんどです。

キャッチコピーが強力であれば、スムーズにボディコピーへ導くことができるのでなくてもいいのでは？　そう問いかけるあなたの姿が目に浮かびます。

けれども、リードコピー、あるいはリードコピー的文章がよく使われるケースもあります。商品カタログやリーフレット、ウェブサイトの記事ページ、それにセールスレターのコピーです。

そこでは、ちゃんとした役目があるのです。リードコピーがあるからいいこともある。軽く見てはいけません。なぜあるといいのか、その理由を説明しましょう。

ボディへの橋渡し

リードコピーの役目は、キャッチコピーに関心を引かれた読み手に、情報を少しだけ提供して関心を高めてもらい、ボディコピーへ導くこと。‘もっと知りたい、先を聞きたい’と気持ちを盛り上げるのに力を発揮します。

これは主にセールスレターでの使われ方です。たとえば、

> **肩こり、首の痛みに悩むあなたへ。原因は枕かもしれません。**

というキャッチに、

> **肩こりや首の痛みの原因はさまざまですが、枕の高さが首に合っていないために起きるケースが多いようです。ためしに枕を変えてはいかがでしょう。まずは正しい枕の選びかたが必要です。そのコツとは?**

とリードコピーを続けて、読み手の興味をもうワンステップ高めてボディコピーへ橋渡しします。

通販などダイレクトマーケティングのコピーでも、セールスレターと同じ使い方を勧めています。そのイメージが強いからなのでしょうか、ボディコピーを読ませることだけがリードコピーの役目だと思われているようです。

だから、キャッチコピーだけでボディコピーに導けば、リードコピーは不要と言われるのでしょう。ちなみに、リードコピーがあってもなくてもライティング料は変わらないはずです。リードコピーは不要なので30%引きという慣習は聞いたことがありません。

あまり言われませんが、リードコピーの機能は他にもあります。それは**読み手にとって親切なことでもある。それが＜要約＞の役目です。**

情報量が多いとうんざり

リードコピーがよく使われるカタログやリーフレット、ウェブサイトの記事ページの共通点は何でしょう？　いずれも文字量や説明項目が多いことですね。**読み手からすると、情報量の多いものを読むのは負担に感じるもの。誰しも忙しいので、興味のある話でもない限り、じっくり読むことはありません。**

カタログなどの宣伝・販促ツールならなおのこと、自分にとって得な話かどうかわからないのに、時間をかけてすみずみまで読むのはわずらわしい。もし、得にならない話だったら、ムダに時間を使ったと不愉快になるでしょう。

読み手をイヤな気分にさせたくない。そこでリードコピーが役に立ちます。キャッチコピーで関心をもった読み手は、長いボディコピー、あるいは項目の多い説明文に目が行きます。わっ、文字だらけ！　と情報量の多さにうんざりしそうです。

でも、**内容を要約したリードコピーがあるとどうでしょう。思わせぶりなキャッチコピーよりも、情報が多く具体的ですから、少し話が見えてきます。**

たとえば、

> 枕が合っていないと、首に負担がかかって痛めることも。自分の首や頭に合ったものを選びたいものです。「スヤスヤまくら」は、独自開発の機能によって頭の大きさや重さ、首の高さに合わせて変化。ピッタリ合うから首が疲れません。

と商品のメリットや機能を要約したコピーがあれば、そこに書かれている情報が自分の得になるかどうかすぐに判断できます。**読み手にとっては親切ですね。**

読み手をつなぎ止める

ネットで検索すると広告以外の部分でも、次のようにウェブサイトのタイトルと説明文が表示されます。**クリックするかしないかは説明文を読んで決める**はずです。

> **首の痛みなら【スヤスヤまくら】｜枕ショップ**
> **独自開発の機能によって頭の大きさや重さ、首の高さに合わせて枕が変化。ピッタリ合うから首に負担がかからず快眠できます。当店のベストセラー…**
> **www.Shoeisha.jp**

文庫本を買うときも、タイトルやオビのコピーだけでは、読むかどうかはまだ判断がつかない。それで、裏表紙に書いてある要約や紹介文を読む。そうすると判断しやすくなりますね。

たとえ**自分の得になる情報でも、それを知るのに労力をかけるのはめんどうだと思うもの。でも、要約であっても内容がわかれば、情報量が多くても読んでくれます。**

読み手をつなぎ止める。これもリードコピーの仕事です。情報量や項目の多い場合は、ぜひ＜要約＞してあげましょう。

おさらい!

- **リードコピーの役目＜その１＞は、情報をチラッと出して期待を高めてボディコピーを読ませること**
- **役目＜その２＞は、情報量の多い内容を要約して読み手に伝えること。読み手の手間や時間を節約すること**

売る! 文章の技
編集編
その48

コピーを短くまとめる技術

「ネット上では、やはり長い文章は敬遠されがち?」
「ウェブユーザビリティの調査によると、読まれるのは文章全体の 28%ほど」
「3割もないとはショックです。短くするワザは必要ですね」
「広告のコピーだと、28%も読んでくれないかもね」

3行広告のような表現へ?

次世代の広告の有り様がどうなるのかは予想がつきません。しかし、インターネットのまわりで起きている変化を見ていると、求められるコピーのスタイルも変わってきているのがわかります。

検索連動型広告の文字数は、タイトル（キャッチコピー）と説明文（リードコピー、ボディコピー）を合わせても**全角50字もありません。**「管理人募集！　寮完備　夫婦OK　細面」など3行広告のコピーのようなものが多いです（細面とは委細面談の略です。顔が「細おもて」ではないですよ）。

人気のネットサービス・**ツイッターの文字数は140字以内。**普及が見込まれるスマートフォン向けの広告コピーも携帯電話向けと同じように短いものが主流でしょう。**短く、されど素早く強く伝わる表現が今以上に求められる**気がします。

そうだとすれば、コピーを短くする技術は知っておいたほうがよい。それに慣れないうちは、最初から短く書くより、長めに書いて短くするほうがまとめやすいはずです。

語尾や言葉は仕上げのときに

例を見てください。160字ほどです。センテンスは5つ。これを100字以内にまとめます。

Before

✕ ぐっすり快眠、もう首の痛みで目覚めることもありません。「スヤスヤまくら」は、頭の大きさや重さ、首の高さに合わせて変化する<マジック構造>を採用。使う人に合わせて、枕の中身が最適な高さや固さに変化するので、オーダーメイドのようにジャストフィットします。頭をやさしく包み込むような心地よさ。だから、スーッと眠れて、目覚めもスッキリ。

↓

After

○ ぐっすり快眠、もう首の痛みで目覚めない。「スヤスヤまくら」は、頭の大きさや重さ、首の高さに合わせて枕の中身が変化。オーダーメイドのようにジャストフィット。頭をやさしく包み込むような心地よさです。

どうでしょうか。60字減ったからといって、訴求の強さは変わっていません。一番伝えたいことは何か。それがブレなければ、情報量や要素が減ったところで内容が弱まることはないはずです。

短く編集するさいに、語尾や言葉そのものを削りがちですが、それは最後でけっこう。まずは訴求内容の確認から。例を使って、短くするポイントを紹介しましょう。

センテンスは極力まとめる

話の要点は、商品が＜首を痛めず快眠できる＞。メリットですね。そうすると、次に言うべきはメリットを証明する、信用させる特徴の説明です。例では、

> ❶「スヤスヤまくら」は、頭の大きさや重さ、首の高さに合わせて変化する＜マジック構造＞を採用。
> ❷使う人に合わせて、枕の中身が最適な高さや固さに変化するので、オーダーメイドのようにジャストフィットします。

がその部分になります。

❶のセンテンスで機能を簡単に説明して、❷で機能の働きを説明しています。同じような内容ですね。まとめられるなら極力まとめる。そうすると

> 「スヤスヤまくら」は、頭の大きさや重さ、首の高さに合わせて、枕の中身が変化します。

になります。

読み手にとって＜マジック構造＞という機能の名称は最重要ではありません。その代わりに＜オーダーメイドのような＞などのわかりやすい強い表現は残します。

さらに、最後はメリットのイメージをくっきり増幅させるセンテンスがふたつ続くので、内容の強いほうを残します。

後は各センテンスの語尾を短くするなど、長さを調整して仕上げます。読み直して、訴求の強さに変わりがなければ大丈夫です。

文字量に関わらず広告のコピーである以上、言うべきこととその優先順位は変わらないものです。次に短く編集する際のコツをまとめました。参考にしてください。

コピーを短く編集するコツ

- 一番の訴求点（広告のコピーではメリット）を決め、それを軸にして編集する
- 読み手の視点（知りたいこと）で、内容の優先順位（情報の取捨選択）を決める（<メリット><機能>など各パートのセンテンスはそれぞれひとつずつにまとめる）
- 同じような内容は強いほうを残すか、ひとつにまとめる
- ひとつのセンテンスは 20～ 30字くらいにまとめる
- わかりやすく強い言葉に置き換えて言葉を節約する
- ムダな形容詞や接続詞は削る、語尾は体言止めを使うなど短くする

コピーのスタイルの変化がどうあれ、**80 字～ 100 字くらいの長さに編集する力は鍛えておきたい**。冒頭で述べたように、ネット広告のコピーは短いものがほとんど。しかも表現はストレートで強力。SEO、SEM といった検索対策も必要ですが、それらも編集能力がないと苦労するので文章をまとめる力はつけておきたいものです。

おさらい!

- **内容の軸（訴求ポイント）がぶれないように短くする**
- **同じような内容は、極力ひとつのセンテンスにまとめる**
- **語尾や言葉を短くするなど、表現を変えるのは仕上げの段階にする**

売る! 文章の技 編集編 その49

コピーをうまく増やす技術

「あれ、前のページでコピーを短くまとめる力は必要だと言っているのに?」

「デザインやレイアウトの都合でコピーの増量を求められることもあるよ」

「確かにメディアが変わると、コピーの増減はありますね。いい方法が?」

「意外と苦労するよ。‘でも’を‘しかし’にして 1文字増やしたりとか……」

小細工はムダな努力

「すみません、あと80字くらい増やすと、きれいに収まるのですが……」などと、グラフィック・デザイナーからコピーの増量を求められることがあります。

デザイナーはすまなそうに、あるいは高圧的な態度で依頼してきます。「コピーに合わせてデザインしてよ」とつき返すこともできるでしょう。でも、読み手の説得に役立つならと、快く応じるのも大人の対応というものです。

コピーを増やそうとすると、なるべく原形を保ちたいので言葉を必要以上にいじってしまうものです。接続詞を増やしたり、漢字をひらがなにしたり、改行したり、読点「、」を増やすとか……。よい傾向ではありません。

それに思ったほど文字数は増えません。かえってセンテンスに贅肉がついて、読みづらくなり、見た目もよくない。そんな小細工はしないほうがよろしい。

増量するよい方法はふたつ。情報をくわしく掘り下げるか、別の内容を挿入するかです。

文字ではなく情報を増やす

コピーを書くにあたって、多くの商品情報を得たことを思い出してください。内容に合わないので使わなかった話や削った部分がたくさんあるはず。それを活用しましょう。

情報をくわしく掘り下げるには、

> **～に合わせて変化する＜マジック構造＞を採用。クッション材に形状記憶ウレタンを使用しており、頭と首をのせると重さと体温に反応して変化します。使う人に合わせて、枕の中身が～**

などと、機能や働き、品質についてのくわしい情報（アンダーライン部分）を加えます。情報の密度が高くなり、説得力も増します。

別の内容の挿入は、次の例のように内容を証明する一般原理やデータ、おススメの使い方例など関連情報（アンダーライン部分）を加えます。

> **～枕が合っていないかもしれません。枕の高さは、首の高さより－1センチが最適（ベッドの場合）。±2センチ以上だと、首を痛める恐れがあるそうです。頭の大きさや首の長さは～**

もちろん文字量は増やしても、センテンスは簡潔にすること、話の流れを損なわないように心がけてください。

おさらい!

- **文字量を増やすには、機能や働きなどの情報をプラスする**
- **データや一般原理、使い方など関連情報をプラスする**

売る! 文章の技
編集編
その50

読みやすさをアップさせる技術

「広告をスラスラ読んでもらうには、表現だけで十分だと思うかい?」

「強い表現なら十分だと思いますが、そうではないの?」

「コピーの見せ方も大切なんだよ。ちょっとした工夫で変わるよ」

「文字の書体や大きさを変えたり、下線を引いて目立たせるとか?」

視覚的な圧迫感を消す

印刷物でもウェブサイトでもびっしりと文字があると、よほど内容に興味がない限り、読む気はしませんよね。でも、ボディコピーは少なくて150字、多いものになると400～500字はあります。

キャッチコピーがうまく機能すれば読んではくれるでしょう。しかし、それに甘えるわけにもいきません。たとえ、あなたに一気に読ませる文章力があっても、なるべく読みやすいよう工夫したいもの。**読み手をもてなす心は忘れないように。**

たとえば、**段落を3行ずつくらいに分ける、段落と段落の間は少し間隔をあける**（これはデザイナーの仕事ですね）、下の例のように**右端（横書きの場合）に空白を多く作る。視覚的な圧迫感が和らぐので読みやすくなりますね。**

ぐっすり快眠、もう首の痛みで目覚めることもありません。
「スヤスヤまくら」は、頭の大きさや重さ、首の高さに合わせて
変化する＜マジック構造＞を採用。

特にウェブサイトには使える

ボディコピーの中で、複数のポイントを紹介する場合、その箇所に注目してもらわなければいけません。文字数が多いと読み飛ばされることもあります。そんなときは、文頭に番号や記号を付けたり、改行したり、箇条書きで見せると注意を引きやすくなります。

ベストセラー商品「スヤスヤまくら」が人気の理由は、
●首が疲れないから快眠できる
●活性炭を使っているので匂いがつかない
●生地はオーガニックコットンなのでさらっとした肌触り
これらの機能が揃っている枕は他には見当たりません。しかも～

スペースに余裕がなければ、

「スヤスヤまくら」が人気の理由は、●首が疲れないから快眠できる●活性炭を使っているので匂いがつかない～

と改行せずにつなげましょう。

ちょっとした工夫で読みやすくなります。特に長い文章は敬遠される、ウェブサイトの記事ページには使えると思います。

おさらい!

●ボディコピーを読ませるには見せ方も工夫する
●こまめに段落を作る、段落間は少し間隔をあける、右端は空白を作る
●文頭に＜●＞や番号などをつけると、目を引きやすくなる

売る! 文章の技
編集編
その51

コピーを効果的に伝える技術

「人が一度に記憶できるのは7つくらいと言われている」
「心理学でいうマジカルナンバー7。正確には7の±2らしいです」
「聖徳太子ではあるまいし、私は自信がないなぁ。がんばって5つ」
「私も4つくらいなら。でも一瞬で忘れます。ニワトリですね」

優先順位でメリハリを出す

スペースの大小にかかわらず、広告の構成を考えるのはそう難しくありません。基本的にメインビジュアルとキャッチコピー、それにリードコピーやボディコピー、コピーを説明する図版などのビジュアルで構成します。

ところが、パンフレットやリーフレット、ウェブサイトの商品紹介ページの場合はいろいろと悩むことが多いようです。私の経験では、**依頼先の担当者がよく手こずるのは、構成の組み立てです。**

そんなときに参考にしてほしいのが、2時間目のその09（34ページ）で述べた**＜ベスト3で訴求＞**です。よいところすべてではなく、マジカルナンバー7より少ないベスト3に絞って訴求します。

ウェブサイトのように**スペースに制限がないと、すべての情報を平坦に見せてしまいがちです。読み手からすれば、どこが優れているのか、最大のメリットは何かがわかりにくい。**読みとるのも面倒に感じる。いくら情報を充実させてもそれでは意味がありません。

情報に優先順位をつけて、メリハリを出した構成で解決しましょう。

総論から各論へ

読み手をうまく誘導するには、**まずキャッチコピーで関心を引きます。次に商品を要約**したリードコピー、もしくは見出しつきのボディコピーを置く。作り方は、4章で述べたシナリオを参考にしてください。＜訴求ポイントはくっきり＞も忘れずに！

総論で関心を高めたら、各論へ進んでもらいます。訴求したいポイント、たとえば＜ここが違う＞、＜おススメの理由＞、＜ここに注目＞といった、**注意を引くタイトルを付けて、ベスト3を紹介**します。そして各項目について説明します。

スペースによって変わりますが、コンパクトにするにしろ、写真や図版を使って（ウェブサイトでは動画も）くわしく説明するにしろ、**メリットはくっきりさせましょう。**

惜しくもベスト3からもれた特徴は、＜その他の特徴＞などとひとつにまとめる。こうして**各パートにメリハリをつける**と、最初にサッと眺めるだけで、読み手には訴求したいこと、どの点が優れているのかがすぐにわかります。

おさらい!

- **情報に優先順位をつけてメリハリを出す**
- **機能などは、＜ベスト３＞＋＜その他＞と分けると特徴が伝わりやすくなる**

ちょっと休憩！

さて困ったぞ、セオリーが通用しない

ウェブの文章では、印刷物の文章術が通用しないことがある。たとえばバナー広告や検索連動型広告のコピー、見出しのテキスト。求められるのは、具体的でわかりやすい（固有名詞など重要な言葉が入っている）、情報の匂いを感じさせる（思わせぶりな表現）、そして短く。

この程度なら問題ない。印刷物でいえば、チラシやダイレクトメールなどダイレクトマーケティング向けのコピーと共通する部分があるからだ。ところが、それだけではない。「ウェブユーザビリティ」を意識したライティングも求められるようだ。

「ウェブユーザビリティ」とは、簡単に言うとサイトを訪れたユーザーが、不便な思いをすることなく、ちゃんと目的を果たせるようになっているか、その度合いである。使いやすいデザイン、わかりやすい読みやすい文章も含まれる。

「ウェブユーザビリティ」の高いライティングとは何か。それはユーザーの行動から考えられる。たとえば、ウェブではユーザーの視線の流れはＦ字である。最初の2、3行はちゃんと読むが、あとは左下方向へ流し読みする。印刷物の場合、ヨコ書きはＺ字視線（左から右、右から左へ下がる動き）と教えてもらったものだ。

見出しの文章は、最初の２語（つまり左側）に注目する。ユーザーはそれでクリックするなり、続きを読むかを決める。だから最重要キーワードは先頭に持ってくる。文脈なしでも意味がわかればよい。単語の羅列でもいいわけだ。

わがままで、さっとしか読まない。しかも見るのは左側だけ。短くても内容がわかる。ウェブではこんなユーザーにぐいぐい読まれる文章を書かなくてはいけないようだ。スポーツも、時代や環境が変われば戦術やプレースタイルも変わる。これからはウェブ特有の文章術のノウハウも勉強しないと。

参考：ヤコブ・ニールセン博士のAlertbox（http://www.usability.gr.jp/alertbox/）

本書内容に関するお問い合わせについて

このたびは翔泳社の書籍をお買い上げいただき、誠にありがとうございます。弊社では、読者の皆様からのお問い合わせに適切に対応させていただくため、以下のガイドラインへのご協力をお願い致しております。下記項目をお読みいただき、手順に従ってお問い合わせください。

●ご質問される前に

弊社 Web サイトの「正誤表」をご参照ください。これまでに判明した正誤や追加情報を掲載しています。

正誤表　http://www.shoeisha.co.jp/book/errata/

●ご質問方法

弊社 Web サイトの「刊行物 Q&A」をご利用ください。

刊行物 Q&A　http://www.shoeisha.co.jp/book/qa/

インターネットをご利用でない場合は、FAX または郵便にて、下記“翔泳社 愛読者サービスセンター”までお問い合わせください。
電話でのご質問は、お受けしておりません。

●回答について

回答は、ご質問いただいた手段によってご返事申し上げます。ご質問の内容によっては、回答に数日ないしはそれ以上の期間を要する場合があります。

●ご質問に際してのご注意

本書の対象を越えるもの、記述個所を特定されないもの、また読者固有の環境に起因するご質問等にはお答えできませんので、あらかじめご了承ください。

●郵便物送付先およびFAX番号

送付先住所 〒160-0006　東京都新宿区舟町5
FAX 番号 03-5362-3818
宛先（株）翔泳社 愛読者サービスセンター

著者プロフィール

有田憲史（ありた・けんじ）

もっと売れるコトバとアイデアを考える者＝コピーライター。クリエイティブ・ディレクター、マーケティングのプランニングもこなす。主な仕事は広告や販促、PR ツール、ウェブサイト、ダイレクトマーケティングのコピーライティングや戦略・戦術を考えること。その他、ネットのコピーライティング通信講座、言葉や文章の研修の講師、ゴーストライターの経験も。たずさわった業界は電機メーカー、IT、不動産、自動車メーカー、健康食品、流通、食品など。1963 年、福岡県福岡市出身。著書に『「売る」コピー 39 の型』『ネットで「効く」コピー』（翔泳社）がある。

Mail：ariken.utd@gmail.com

デザイン　FANTAGRAPH ファンタグラフ（河南祐介　五味 聡　新藤雅也）
イラスト　寺山武士
DTP 制作　オーク・デジタル・イメージ株式会社
編集　本田麻湖

「売る」文章 51の技
～説得力あるキャッチコピーとロングコピーの作り方

2010 年 8 月 2 日　初版第 1 刷発行
2016 年 3 月 5 日　初版第 2 刷発行

著者　有田憲史
発行人　佐々木幹夫
発行所　株式会社翔泳社（http://www.shoeisha.co.jp/）
印刷・製本　株式会社廣済堂

ISBN978-4-7981-2200-7
Printed in Japan